Buchreihe „tieferes Leben in Christus“

# Samenkorn

Jakob Kroeker

# Entmutigte Seelen

Samenkorn e. V.
Christlicher Schriften- und Liederverlag
Liebigstr. 8
33803 Steinhagen

1. Neuauflage 2015



Ca. 1909 erschienen
– in Deutschland: Emil Müllers Verlag, Barmen
– in Russland: Verlagsgesellschaft Raduga, Halbstadt (Taurien)



Satz und Umschlag: Franz Enns, Viktor Enns
Korrekturen: Elisabeth Ewert, Helena Ewert
Druck: CPI books, Germany
ISBN: 978-3-86203-137-5

# Inhalt

*Jakob Kroeker:*
*Evangelist, Schriftsteller und Theologe*

# Jakob Kroeker: eine Kurzbiografie

(1872 – 1948)

Jakob Kroeker wurde 1872 in Gnadenthal, Molotschna, Südrussland (Ukraine) geboren. Seine Eltern zogen einige Jahre später in die Krim um. Im großen mennonitischen Dorf Spat, in der Nähe von Simferopol verlebte Jakob im Kreise seiner Famile die Kindheit und die Jugendzeit. Als er 13 Jahre alt war, rief der Herr ihn in Seine Nachfolge.

Jakob studierte Lehramt und wurde mit 19 Jahren Lehrer. 1894 heiratete er Anna Langemann. Gemeinsam mit seiner Frau ging er zu dem Baptistenseminar in Hamburg. Nach dem Abschluss kam er zurück in seine Heimat und wurde Reiseprediger.

Außerdem begann er eine schriftstellerische Tätigkeit. In den kommenden Jahren entstanden die ersten mennonitischen Zeitschriften, „Die Friedensstimme" und „Christlicher Abreißkalender". 1906 zog er gemeinsam mit seiner Frau und sechs Kindern nach Halbstadt in Molotschna um, wo er gemeinsam mit anderen Brüdern eine Druckerei und den ersten mennonitischen Verlag Raduga (Regenbogen) gründete.

Durch seinen Dienst lernte Jakob Kroeker viele bekannte Persönlichkeiten wie Baron Henrick Wrede (Finnland), Oberst Paschkow und Graf Korff aus Petersburg, Doktor Baedeker, Johann Gerhard Kargel kennen. Diese Bekanntschaften verhalfen ihm zum geistlichen Wachstum. Er schreibt: „Nächst Doktor Baedeker hat kaum ein zweites Leben einen so entscheidenden Einfluss auf mein innerliches Werden und meine geistliche Wirksamkeit ausgeübt, wie das des Bruders J.G. Kargel."

Jakob Kroeker war tief erfasst von der Erweckungs- und Heiligungsbewegung. Ein Leben voll Geistes, ein Leben des Sieges über Sünde war sein inniges Verlangen.

Mit Frau und acht Kindern zog Jakob Kroeker 1910 nach Wernigerode am Harz um. Während des ersten Weltkriegs fing er gemeinsam mit Pastor Walter Jack die Arbeit unter den russischen Kriegsgefangenen in Deutschland an. Aus dieser Arbeit entstand der Missionsverein „Licht im Osten", mit dem Ziel, christliche Literatur unter der russischen Bevölkerung zu verbreiten.

Der zweite Weltkrieg brachte viele schmerzvolle Erfahrungen und Veränderungen für die Familie Kroeker. Im Oktober 1946 zogen die Kroekers in die Nähe von Stuttgart. In Mühlhausen bei Stuttgart wurde das neue Missionszentrum errichtet. Bald darauf erkrankte Jakob Kroeker. Ende 1948 ging er heim zu seinem himmlischen Vater.

Jakob Kroeker hat eine Vielzahl von Büchern geschrieben, die auch heute bekannt sind. Dazu gehören: „Allein mit dem Meister", „Verhüllte Segenswege", „Gottes Segensträger", „Es gibt ein Volk zerstreut und gesondert", Auslegungen zu einigen Büchern der Bibel einige Gedichte.

Quellen:
*J.G. Kargel „Zwischen den Enden der Erde"*
*Anna und Maria Kroeker: „Ein reiches Leben"*
*Gerhard Ratzlaff: „Jakob Kroeker: Evangelist, Schriftsteller und Theologe"*

# Vorwort zur Buchreihe „Tieferes Leben in Christus“

*... ich will den ins Heil versetzen,*
*der sich danach sehnt!*
*Ps. 12, 6b*

Längst verklungen sind die Töne der mächtigen Erweckungs- und Heiligungsbewegung unter Christen, die Ende des 19. und Anfang des 20. Jahrhunderts zur Reinigung, Wiederbelebung, Erneuerung und Heiligung der Kinder Gottes unterschiedlicher Nationalitäten und Herkunft führte.

Den segensreichen Nachklang dieser Zeiten erleben wir immer noch durch eine Vielzahl von geistlich tiefen Liedern, die in diesen Zeiten entstanden sind. Aber auch durch Zeugnisse und Schriften derer, die eine Neubelebung und neue Hingabe persönlich erlebt haben. Hier wären Carl Heinrich Rappard, Georg Steinberger, Jakob Kroeker, Hudson Taylor, Otto Stockmeyer, Johann Gerhard Kargel, Ernst Modersohn und manche weitere zu erwähnen.

Wenn wir in unser eigenes Herz schauen, in unsere Gemeinden und in die Christenheit um uns herum, stellen wir fest, dass wir auch eine Erweckung brauchen. Wie mangelt es so an Menschen, die ein Leben der Hingabe, der Heiligung und der Absonderung von der Welt leben. Gerade in Zeiten des Wohlstands und der Glaubensfreiheit, wo die Not uns nicht mehr so zum Herrn treibt, wie das in den schweren Jahren der Christenverfolgung, der Kriege und der Repressionen war, merken wir, wie unsere Herzen manchmal kalt, selbstzufrieden, gleichgültig und oberflächlich werden.

*Tieferes Leben in Christus* brauchen wir, um in Gemeinschaft mit unserem Herrn, von Seinem Geist erfüllt und geleitet, gereinigt und geheiligt zu werden. Lasst uns in Zeiten des nahezu perfekt organisierten christlichen Gemeindelebens, der vielen christlichen Veranstaltungen, der vielseitigen Aktivitäten und Gemeindedienste nicht vergessen: Es ist nicht so wichtig, was ich für den Herrn getan habe, sondern, ob Er in mir das erreichen konnte, was Er erreichen will.

Mit Gottes Hilfe möchten wir eine kleine Buchreihe *„tieferes Leben in Christus"* ins Leben rufen. Unser Gebet ist, dass es Seelen, die den Mangel an Heiligung und Hingabe vernehmen und sich danach sehnen, einen kleinen Schritt weiterhelfen kann. Zum Teil handelt es sich um Schriften, die von Hand abgeschrieben wurden, wie es in den langen Jahren der Christenverfolgung in der Sowjetunion üblich war, und möglicherweise noch nie als gedrucktes Buch erschienen sind. Unter anderem planen wir in dieser Buchreihe einige Werke von Bruder J.G. Kargel zu veröffentlichen.

Sollten Sie segensreiche Schriften besitzen, die heute nicht mehr zu bekommen sind, würde es uns freuen, wenn Sie Kontakt mit uns aufnehmen, um zu prüfen, ob so ein Buch nicht neu aufgelegt werden kann.

*Versmold, Februar 2015*
*Viktor Enns*

## Wie es zu dieser Neuauflage kam

„Entmutigte Seelen“ ist ca. 1909 zum ersten Mal in Deutschland beim Emil Müllers Verlag in Barmen, und in Russland bei der Verlagsgesellschaft Raduga in Halbstadt (Taurien), erschienen.

Mein lieber Vater Franz Enns hatte schon vor vielen Jahren, als er noch in Kasachstan lebte, das von Hand gebundene abfotografierte Buch (was zu Zeiten der Sowjetunion, wo es noch keine Kopierer gab, eine Möglichkeit der Vervielfältigung war) von jemandem bekommen. Durch seine Mutter hatte er bereits in seinen Kinderjahren manches segensreiche von Bruder Jakob Kroeker, seiner Familie und seinen Schriften gehört. Beim Lesen des Buches „Entmutigte Seelen“ hatte er wiederum einen tiefen Segen vom Herrn empfangen.

Zwischenzeitlich war das Buch abhandengekommen, obwohl der Inhalt ihm noch tief im Herzen geblieben war. Er freute sich sehr, als es wieder zum Vorschein kam und tippte es ab. Er hegte den Wunsch, es dann auszudrucken und an viele liebe Geschwister im Herrn per Post zu verschicken, um ihnen die Möglichkeit zu geben, es zu lesen.

Dann entstand der Gedanke, das Buch neu aufzulegen. Der Text wurde leicht überarbeitet: Um es auch jüngeren Lesern verständlicher zu machen, wurden einige altdeutsche Wörter ersetzt, auch einige Erklärungen wurden in den Fußnoten hinzugefügt.

Wir bedanken uns bei allen, die bei der Veröffentlichung des Buches mitgewirkt haben. Gott segne die Herzen der Leser!

*Versmold, Februar 2015*

*Viktor Enns*

# Vorbemerkungen des Verfassers

Es werden vielleicht manche auf den ersten Blick wenig Zusammenhang in den behandelten Schriftabschnitten finden. Wer jedoch von den Gotteskindern erlebt hat oder im Erleben der beleuchteten Wahrheiten steht, der wird den Faden schauen, der das Ganze in seinen einzelnen Teilen miteinander verbindet.

Es war mein Wunsch, an einzelnen Erfahrungen der Vergangenheit das Werden der Kinder Gottes in unseren Tagen zu beleuchten. Was wir durchleben, haben andere vor uns durchlebt und wir werden auf demselben Weg erzogen und vollendet, auf dem die Heiligen Gottes vor uns ihrer Vollendung und Bestimmung entgegen geführt wurden.

Die letzten Jahre waren nicht nur für Einzelne, sondern für größere und kleinere Kreise von Gläubigen von großer Bedeutung. Die Geistes-, Gemeinschafts- und Heiligungsbewegungen haben belehrend und befruchtend auf viele Gläubige eingewirkt. Es war wie ein Frühlingswehen im Garten der Gemeinde Gottes, wo manche Pflanzen zu neuer Kraft und Blüte gelangten. Aber ich habe den Eindruck, als ob viele Gotteskinder von einem Mehltau* befallen worden sind, welcher nun hindert, dass die angesetzte Frucht zur Entwicklung und zur Reife gelange.

Manche teure Seele steht unter dem Druck ihrer entmutigenden Erfahrungen, die sie bis jetzt durchlebt hat und sie fragt sich, ob es wirklich eine mehr ununterbrochene Gemeinschaft mit Gott gibt und unser Leben voll Geistes sein kann und wir allezeit Sieg über jede erkannte Sünde haben können und uns ein Leben in der Gegenwart Gottes möglich ist. Wie mancher freute sich, als ihm durch die Schrift neues Licht über diese Wahrheiten durch den Heiligen Geist gegeben wurden, aber man wurde müde im Suchen nach diesen Wahrheiten und entmutigt durch die Erfahrungen, mit denen hinfort unser Glaubensweg verbunden war.

Und diesen entmutigten oder sogar müde gewordenen Seelen habe ich versucht die Hand zu reichen. Es gilt, ihren gesenkten Blick aufs Neue auf Jesus und Sein Verheißungswort zu richten und ihre müde gewordenen Hände und Knie zu stärken. Und sollte da und dort

* Eine Pflanzenkrankheit

eines der Kinder Gottes durch den Inhalt dieser Blätter ermutigt und aufgerichtet werden, so sei dem Herrn die Ehre und Anbetung, dass Er mich begnadigte durch die Mitteilungen von Erlebtem der Diener eines Seiner Heiligen zu sein.

*Halbstadt, Februar 1909*
*Jakob Kroeker*

## 1. Täusche mich nicht!

*Und sie sprach: Habe ich einen Sohn von meinem Herrn erbeten? Habe ich nicht gesagt: Täusche mich nicht?*
*2.Könige 4,28*

Wir leben in einer Zeit, in der es viele entmutigte Seelen gibt. Wir finden sie nicht nur unter denen, die die Wahrheit suchen, sondern mehr noch unter denen, die in der Wahrheit wandeln. Viele Gotteskinder haben in ihrem Glaubensleben und Glaubenskampf Erfahrungen gemacht, durch welche sie enttäuscht wurden in ihren Hoffnungen und Erwartungen. Entmutigt durch die gemachten Erfahrungen, liegen sie müde am Boden, die einzige Hoffnung noch festhaltend, nach dem Tode erfüllt zu sehen, was sie jetzt vergeblich gesucht und erstrebt haben. Manche dieser lieben Gotteskinder gleichen in ihrem innern Seelenzustand jener reichen Sunamitin in Israel, die aus Liebe dem Mann Gottes, Elisa, auf dem Dach ihres Hauses ein Prophetenstübchen machte.

Als der Prophet eines Tages durch Sunem ging, nötigte ihn eine wohlhabende Frau, bei ihr zu essen. Seit jener Zeit kehrte Elisa in diesem gastlichen Hause ein, so oft er durch Sunem zog. Da sprach die Frau zu ihrem Mann: „Sieh doch, ich merke, dass dieser ein heiliger Mann Gottes ist, der ständig bei uns durchzieht. Lass uns doch ein kleines gemauertes Obergemach machen und ihm Bett und Tisch und Stuhl und Leuchter hineinstellen; und es geschehe, wenn er zu uns kommt, kann er dort einkehren." Als der Prophet dann wieder nach Sunem kam, fand er dieses Werk der Liebe vollendet und schlief in dem Obergemach.

Elisa sah sich der Frau gegenüber zu Dank verpflichtet und er lies sie rufen und ihr sagen: „Siehe, du hast dir unsertwegen all diese Sorge gemacht; was ist für dich zu tun? Ist für dich mit dem König zu reden oder mit dem Heerobersten?"

Aber die Frau hatte solch einen Dienst nicht nötig. Sie hatte wohl einen Schmerz, der saß jedoch viel tiefer und konnte weder von einem König noch einem Heerobersten geheilt werden. Sie hatte keine Kinder. Gehasi, der Diener des Propheten, wusste dieses und er teilte es Elisa mit. Da lies der Prophet die Frau zu sich kommen und als sie bis in die Tür getreten war, sprach er zu ihr: „Zu dieser bestimmten Zeit übers Jahr wirst du einen Sohn umarmen.“ Darauf sagte die Frau zum Propheten: „Nicht doch, mein Herr, du Mann Gottes, *belüge deine Magd nicht!*“

Wie kam die Frau zu solcher Äußerung? Hatte sie vielleicht im Laufe der Zeit festgestellt, dass Elisa gelegentlich nicht ganz ehrlich sei und nun es für möglich hielt, dass er sie belügen könne? War sie irre geworden an dem, dass er wirklich ein heiliger Mann Gottes sei?

Nein, durch nichts war das Vertrauen der Frau zum Propheten geschwächt worden, aber *in dieser einen Sache hatte sie für sich alle Hoffnungen aufgegeben*. Als gläubige Frau hatte sie oft nach einem Erben ausgeschaut. Wir wissen, mit welcher Sehnsucht eine jüdische Mutter einen Sohn erwartete. Das, wovon der Prophet gesprochen hatte, war längst der Gegenstand ihrer heiligsten Wünsche gewesen. Aber unfruchtbar war ihr Leben dahin gegangen. Von Jahr zu Jahr hatte sie vergeblich gehofft und nun war ihr Mann alt geworden und *sie hatte jede Hoffnung auf einen Erben aufgegeben. Daher wollte sie nicht aufs Neue den Schmerz durchkosten, den sie so oft nach erfolgter Enttäuschung in ihrem Herzen empfunden hatte.*

Jedoch was geschah? Die Frau durfte zu der vom Propheten bestimmten Zeit wirklich einen Sohn küssen. Der Erbe lag in ihren Armen. Aber nachdem der Junge bereits entwöhnt war, bekam er eines Tages heftiges Kopfweh und er starb an den Schmerzen auf dem Schoß seiner Mutter. Was tut nun die betrübte und aufs Neue getäuschte Frau? Sie verschließt den toten Knaben in dem Obergemach und eilt direkt zum Propheten. Und welches sind ihre Worte, als sie zum Mann Gottes am Karmel kommt? Sie spricht: „Habe ich nicht gesagt: *»Täusche mich nicht?«*"

In diesen wenigen Worten lag der ganze Schmerz ihrer Seele. Sie war also auch diesmal wieder getäuscht worden. Und die letzte Täuschung war umso schmerzlicher für sie, da sie doch um keinen Sohn gebeten hatte und er ihr doch gegeben worden war. Sollte sie ihn nur empfangen haben, damit durch seinen Tod ihr eine neue, umso tiefere Wunde geschlagen würde? Erwünschtes nicht besitzen ist schwer, aber es zu verlieren ist noch viel schwerer. Und diesen Schmerz empfand jetzt ihre Seele.

Wir wissen, dass der Knabe durch den Propheten aufgeweckt und seiner Mutter wiedergegeben wurde. Sie sollte nicht enttäuscht werden, sondern erfahren, *dass der Gott, der mächtig und barmherzig genug war, ihr einen Sohn zu geben, auch mächtig genug sei, ihn zu nehmen und wiederzugeben*. Aber diese Begebenheit beleuchtet den Seelenzustand, in welchem sich auch heute so manche Kinder Gottes befinden. Durch die mannigfaltigen Enttäuschungen, die sie auf dem Weg des Glaubens erlebt haben, sind sie entmutigt worden, weiter den Segen zu suchen, nach welchem ihre Seele sich so heiß sehnte. Und wenn nun Knechte oder Mägde Gottes auf Grund der Schrift neue Hoffnungen zu wecken suchen, auf neue Lebensgebiete hinweisen, das weite Land der Verheißung zeigen, das durch Glauben in unsern Besitz gelangen und unser bleibendes Erbe werden soll, dann spricht man im Herzen: *„Täusche mich nicht, du Mann Gottes!* Ich habe längst den Segen gesucht, von dem du sprichst. Ich bin auf die Bedingungen eingegangen, die man mir nannte, um den Segen zu erlangen und bin doch enttäuscht worden in meinen Erwartungen. Und nun täusche mich nicht aufs Neue, du Mann Gottes! Meine Seele soll nicht wieder den Schmerz durchkosten, *etwas gesucht zu haben, ohne es zu finden."*

Ist das vielleicht deine gegenwärtige Stellung, liebe Seele? Hast du tiefere und bleibendere Gemeinschaft mit Gott gesucht und doch nicht gefunden? Hast du um einen ununterbrochenen Wandel im Geist gebetet und doch nicht erlangt? Hast du dich nach beständigem Sieg über die Sünde und über dich selbst gesehnt und doch bis jetzt vergeblich gehofft? Oder sahst du den Segen sterben, wie der Sohn der Sunamitin starb und stehst du heute aufs Neue getäuscht und gebeugt und ohne Erbe vor deinem Gott?

Gestatte es mir, mein geliebter Bruder, dir im Auftrag meines Meisters zu sagen: „Der Gott der Sunamitin ist auch dein Gott! Er, der doch Seines eigenen Sohnes nicht verschont, sondern Ihn für uns alle dahingegeben hat; *wie wird Er uns mit Ihm nicht alles schenken?“* Der Gott, der der Sunamitin einen Sohn geben konnte, ist auch heute noch nicht gebunden an das Alter eines Mannes und in Seinem Segnen nicht beschränkt durch das unfruchtbare Leben einer Frau. Wo die natürlichen Mittel und die eigenen Kraftanstrengungen zu Ende gegangen sind, da ist unser Gott noch nicht am Ende. Was unfruchtbar ist, kann Er fruchtbar machen. Was stirbt, kann Er auferwecken und es dir mit Auferstehungsherrlichkeit wiedergeben. Je ohnmächtiger du in dir selbst geworden bist, desto mehr Raum hat Gott für sich gewonnen. Je mehr du an den Mitteln verzagtest, durch welche du zu dem Segen zu gelangen suchtest, desto mehr wurdest du an den *Einen gebunden, in dem alle Gottesverheißungen ihre Erfüllung gefunden haben*. Die ganze Fülle der Gnadengaben wohnt in Christus, dem Haupt der Gemeinde. Und diese Fülle gehört auch dir. Was Christus vom Vater empfangen hat, stellt Er denen zur Verfügung, die sich durch Glauben an Ihn halten.

Von Sarah spricht die Schrift: „Durch Glauben empfing auch selbst Sarah Kraft, einen Samen zu gründen und zwar über die geeignete Zeit ihres Alters hinaus, weil sie Den für treu erachtete, der es verheißen hatte." Ehre auch du den Herrn durch dein neues Vertrauen und deine aufs Neue aufgenommenen Erwartungen. Gründen sich deine Erwartungen auf das teure Wort der Verheißung, dann wird Gott auch deiner Seele antworten und in deinem Leben in Erfüllung gehen lassen, wonach du dich sehnst. Ehre Gott durch dein stilles, kindliches Vertrauen und Gott wird dein Vertrauen ehren und dir zur bestimmten Zeit das als Erbe geben, was du als Erbe in deinem Glaubensleben suchtest.

## 2. Soll ich aufhören?

*Und die Kinder Israel befragten den HERRN ... und sprachen: Soll ich wieder ausziehen zum Kampf mit den Kindern meines Bruders Benjamin,* ***oder soll ich aufhören****? Und der HERR sprach: Zieht hinauf, denn morgen werde Ich ihn in deine Hand geben.*
*Richter 20,27-28*

Manche Gotteskinder sind entmutigt infolge der erlebten Niederlagen in ihrem Glaubenskampf. Wir finden sie vielfach gerade in der Linie derer, die sich sehnen, mit dem Apostel Paulus zur Ehre Gottes rühmen zu können: „Wir aber überwinden weit durch Den, Der uns mächtig macht!" Vielleicht darf ich diesen meinen entmutigten Brüdern und Schwestern dienen mit diesem Abschnitt aus dem Richterbuch. Mir gab der Herr Licht durch dieses Wort, als ich seiner Zeit als eine entmutigte Seele vor Ihm im Staube lag und ich lernte verstehen, wie alle Erfahrungen unseres Lebens dazu beitragen müssen, den Boden in uns vorzubereiten, um die im Wort Gottes verheißenen Segnungen empfangen zu können.

In diesem Streit, den Israel gegen Benjamin führte, handelte es sich nicht um einen gewöhnlichen Bruderkampf, sondern Benjamin hatte eine große Sünde begangen, die nach dem Gesetz Jehovas bestraft werden musste. Ein Mann aus Ephraim war mit seiner Frau durch das Gebiet von Benjamin gezogen und wurde genötigt, in einer Stadt zu übernachten. Als die gottlosen Männer der Stadt es erfuhren, dass eine fremde Frau in ihrem Ort sei, da verlangten sie die Auslieferung derselben. Auf ihr Drängen hin wurde die Frau herausgegeben und am Morgen fand man sie tot an der Türschwelle des Hauses liegen. Der Mann nahm die Leiche der Frau und sandte jedem Stamm Israels die Frage: „Was ist zu tun, nachdem eine solche Schandtat in Israel geschehen ist?“

Dieses Ereignis war die Veranlassung, dass alle Stämme zusammenkamen, um diese üble Tat zu bestrafen. Man verlangte vom Stamm Benjamin, dass er die gottlosen Männer ausliefere, damit dieselben ihre gerechte Strafe empfangen könnten. Die Stadt ging jedoch nicht auf diese Forderung ein und da versammelte sich ganz Israel in Bethel, um gegen Benjamin in den Kampf zu ziehen. Israel war nach dem Gesetz Gottes verpflichtet, diese Tat zu sühnen. Da Benjamin die Übeltäter aber nicht herausgab, so sollte es mit denselben die gerechte Strafe empfangen. Wer sich mit der Sünde verbindet und dieselbe nicht ausliefert, muss auch mit den Gerichten rechnen, die über die Sünde verhängt werden.

Vorher jedoch beugen sich die Streiter vor dem Herrn, um zu den Füßen Gottes Licht zu empfangen, welcher Stamm im Kampf vorangehen soll. Es war den Stämmen Israels darum zu tun, in den Linien ihres Gottes zu stehen und zu wandeln, damit der Herr mit ihnen sein könne. Suchten sie doch durch diesen Streit Jehovas Ehre zu retten! Gott antwortet seinem Volk, das auf seinem Angesicht in Bethel vor Ihm lag: „Juda soll vorangehen!“ Was konnten nun die Stämme Israels, nachdem alle Vorbedingungen für einen siegreichen Kampf getroffen worden waren, anderes erwarten, als dass sie Sieg haben würden über ihren unbußfertigen Bruder Benjamin?

Aber was geschah? Juda zieht auf den Befehl des Herrn hin in den Streit und da fällt Benjamin aus Gibea heraus und schlägt 22.000

Mann in Israel. Das war ein furchtbarer Schlag für Israel und die Stämme des Volkes kommen zusammen und weinen bis zum Abend. In der Erwartung auf Sieg waren sie ausgezogen und nun mussten sie geschlagen zurückkehren und 22.000 von ihren streitbaren Männern bedeckten den Kampfplatz. Aber das Volk ermannt sich und gewinnt neue Zuversicht und beugt sich am nächsten Tag aufs Neue vor dem Herrn und erbittet eine Antwort, wer heute den Kampf eröffnen soll. Der Herr spricht: „Juda zuerst!“ Da ziehen sie mit neuer Hoffnung auf Sieg in den Kampf hinaus. Aber es fallen zum zweiten Mal 18.000 streitbare Helden von den Stämmen Israels.

Das war eine neue Enttäuschung. Wir verstehen, wenn es da heißt: „Da zog alles Volk hinaus und kamen zum Haus Gottes und weinten und blieben daselbst vor dem Herrn und fasteten den Tag bis zum Abend und opferten Brandopfer und Friedensopfer vor dem Herrn!“ In dieser gebeugten Stellung stand das Volk nun vor der Frage: *„Sollen wir nun noch weiter kämpfen, oder sollen wir aufhören?“*

In diesem Augenblick war Israel bei einem gefährlichen Punkt angekommen. Durch die erlebten Enttäuschungen war es entmutigt worden und war nun bereit, den Sieg dem unbußfertigen Benjamin zu überlassen. Hatte man doch zweimal im Aufblick zum Herrn den Kampf eröffnet und in demselben genau dem Licht gemäß gehandelt, das man von Gott empfangen hatte. Und doch diese furchtbare Niederlage, dieser gewaltige Kraftverlust von 40.000 Mann. Da kommt Gott Seinem Volk zu Hilfe mit der Versicherung, dass morgen Benjamin in die Hände Israels gegeben wird. Als ich dieses Wort in den Stunden meiner bittersten Enttäuschungen las, da war es mir eine göttliche Offenbarung. Ich betete an für den wunderbaren Trost, der mir durch dieses Wort vom Herrn zuteil wurde.

Aber warum ließ der Herr es zu, dass Israel zwei Mal von Benjamin geschlagen wurde? Wir verstehen es, dass wir uns im Kampf nicht bewähren können, wenn wir einen Boden betreten haben, auf welchen Gott uns nicht hingestellt hat. Es ist uns klar, dass da Niederlagen sein müssen, wo man ohne Gott und Dessen Leitung handelt. Aber das war bei den Stämmen Israels nicht der Fall. Sie standen auf dem Boden des Gesetzes und handelten der Offenbarung gemäß, die sie sich in Bethel von Jehova erbeten hatten. Und doch diese zwiefache Niederlage und dieser gewaltige Verlust. O, wie ist unser Gott doch so weise im Erziehen Seiner Kinder! Der Herr musste offenbar Seinem Volk vor dem Sieg zunächst einmal klarlegen, dass *der Sieg nicht in eigener Kraft errungen werden könnte*. Daher legte Er durch die beiden Niederlagen zunächst einmal *die vollständige Ohnmacht Seines Volkes bloß, damit es zu der tiefsten Überzeugung komme, dass der Sieg nur als ein Geschenk vom Herrn gegeben werden könne*.

Der Herr weiß es, wie auch Sein Volk vielfach noch so sehr mit sich selbst und der Stärke seines Armes rechnet und wie es geneigt ist, jeden Segen und jeden Sieg und jede Gnadengabe durch eigene Mittel und Kräfte zu erringen. Daher zerbricht Er die Kraft unseres Fleisches und lässt uns im Kampf so lange enttäuscht werden, bis wir das Vertrauen zu uns selbst und unserer Stärke verloren haben und den Sieg aus der Hand Gottes als ein Geschenk Seiner Gnade durch den Glauben nehmen lernen. In den Niederlagen in unserem Glaubenskampf wird offenbar, wo wir noch stark und unzerbrochen in uns selbst gewesen sind. Würde der Herr uns nicht vor dem Sieg zerbrechen und uns in unserer eigenen Kraft stehen lassen, dann würde sich unser Fleisch später mit dem schmücken, was Gott getan hat. Es würde die Taten Gottes aufs Konto der eignen Kraft schreiben und so Gott den Ruhm nehmen, der allein Ihm gebührt. Daher diese Niederlagen und die damit verbundenen Enttäuschungen, die in der Hand des Herrn als Mittel gebraucht werden, um Sein Volk für jeden Sieg und jede Segnung vorzubereiten.

Beschaue einmal in diesem Licht, liebe Seele, die von dir gemachten Erfahrungen in deinem Glaubenskampf. Du liegst vielleicht augenblicklich ebenfalls in einem Kampf, in welchem du schon mehrfach geschlagen worden bist. Es ist nicht ein Kampf gegen die Sünde deines Bruders oder deines Volkes, sondern der Kampf gegen eine Sünde und Gebundenheit deines eigenen Lebens. Im Licht der Gegenwart Gottes wurde dir klar, dass du diese Sache richten müsstest, weil Gott sie gerichtet hat. Da zogst du aus in den Kampf gegen die Sünde in der Erwartung, beständigen Sieg zu haben über dieselbe. Und was ist geschehen? Du hast eine Niederlage nach der andern erlitten. Das beugte dich vor deinem Gott. Du nahmst die Sache ernster als je und suchtest Gott zu verstehen, auf welchem Weg der Sieg für dich liegt und zogst wieder hinaus in den Kampf. Aber der Herr ließ dich eine neue Niederlage erleben. Es fielen 40.000 Mann deiner eigenen Seelenkräfte. Und nun liegst du vielleicht enttäuscht und ganz entmutigt vor dem Herrn mit der Frage: „Soll ich noch weiter kämpfen *oder soll ich aufhören?*“ Vielleicht denkst du bereits: „Es ist nun mal mein Temperament, meine Eigenart, die ich schon mit ins Grab nehmen muss“, und hast somit die Hoffnung aufgegeben, je von dieser Neigung, die dir zur Sünde geworden ist, frei zu werden.

O, mein entmutigter Bruder, lass dir vom Herrn die Antwort geben: *„Ziehe hinauf!* Morgen werde ich Benjamin in deine Hände geben!“ Ist deine Kraft erst zu Ende, dann kann der Herr dir den Sieg geben und du wirst ihn nehmen als ein Geschenk Seiner Gnade und Seine wunderbare Kraft verherrlichen. Die vereinten Stämme Israels mögen bei der Eröffnung des Kampfes und im Bewusstsein der eigenen Kraft gedacht haben, dass es nur ein Geringes sein wird, Benjamin zu bestrafen. Aber zu ihrer Demütigung mussten sie erfahren, dass all ihre Kraft viel zu gering war, um gegen den einen Stamm zu stehen. Erst als sie ihre eigene Ohnmacht erkannten und das Vertrauen auf Sieg durch den Arm ihres Fleisches verloren hatten, konnte Jehova ihnen Sieg geben. Und je ohnmächtiger du, lieber Bruder, in dir selbst geworden bist, desto näher ist auch für dich die Hilfe und der Sieg des Herrn.

Ganz ähnliche Erfahrungen machen wir vielfach auch in der Arbeit für den Herrn. Wir stellten uns als ein willenloses Gefäß unserem Gott zur Verfügung und Er zeigte uns die Arbeit, zu der Er uns berufen hatte. Da zogen wir aus in voller Kraft und erwarteten Sieg in unserer Tätigkeit. Und welches waren unsere ersten Erfahrungen? Niederlagen und Enttäuschungen! Das beugte uns und es wurde uns mehr als je darum zu tun, in der Wahl unseres Dienstes Gott zu verstehen. Wir suchten in unserem Wirken in den Führungen Gottes zu bleiben und in der Arbeit treu dem Licht gemäß zu handeln, das wir von Gott empfangen hatten. Aber der Herr ließ trotz der von uns gemachten Anstrengungen neue Niederlagen zu. O, da lag dann die Gefahr nahe, sich entmutigt aus der Arbeit und dem Dienst zurückzuziehen und mit Mose zu sprechen: „Herr, sende, wen Du willst, ich jedoch bin untüchtig für diesen Dienst und werde nie den Sieg und den Erfolg haben, der auf dieser Arbeit ruhen sollte."

Ist das deine augenblickliche Stellung, mein geliebter Mitarbeiter, meine dienende Schwester? Liegst du, wie einst Israel vor deinem Gott im Staube mit der Frage: „Soll ich weiter in dieser Arbeit stehen bleiben oder soll ich meinen Posten verlassen und heimziehen?“ Siehe, auf den Trümmern deiner Kraft kann Gott anfangen zu wirken. Ist deinem Glauben jegliche fleischliche Stütze genommen worden, dann wird er sich an den Einen klammern, der der Herr ist über Tote und Lebendige. Er kann Wüsten zu einem Garten Gottes umwandeln und einem Ninive Buße zum Leben geben. Er wartet vielleicht nur mit dem Segen so lange, bis du durch Seine Gnade fähig bist auch den größten Erfolg „rein“ zu ertragen und jede Frucht in deiner Arbeit als ein Geschenk Seiner Gnade empfängst.

## 3. O, WÄREN WIR JENSEITS DES JORDANS GEBLIEBEN!

*Und Josua zerriss seine Kleider und fiel vor der Lade des HERRN auf sein Angesicht zur Erde bis zum Abend, er und die Ältesten von Israel und sie warfen Staub auf ihre Häupter. Und Josua sprach: Ach, Herr, HERR! Warum hast Du denn dieses Volk über den Jordan ziehen lassen, um uns in die Hand der Amoriter zu geben, uns zugrunde zu richten? **O hätten wir es uns doch gefallen lassen und wären jenseits des Jordans geblieben!***

*Josua 7,6-7*

Wir stehen auf heiligem Boden. Israel hat unter der Führung Josuas das Erbe betreten, das Gott dem Volk geben wollte. Und da dringt uns aus dem Mund des sonst so glaubensstarken Josua die Klage entgegen: „O, wären wir doch jenseits des Jordans geblieben!"

Was war geschehen, dass der Mut dieses Mannes so schnell auf dem Boden seines Erbteils zusammenbrach? Hatte Gott ihn etwa befähigt und begnadigt für den Dienst, der vor ihm lag? Wir wundern uns nicht, wenn Kräfte im Dienst Gottes zusammenbrechen und ihren Bankrott erklären, die nie von Gott für die von ihnen aufgenommene Arbeit berufen worden sind. Das war aber nicht bei Josua der Fall. Seine Berufung, die Führung über Israel zu übernehmen, war eine sehr klare und bestimmte gewesen. Vor den Augen des ganzen Volks war er von Jehova durch Mose für diesen Dienst berufen und bestimmt worden. Und nach dem Tod Moses sprach der Herr Selbst zu Seinem Knecht: „Und nun, mach dich auf, geh über diesen Jordan, du und dieses ganze Volk, in das Land, das ich ihnen, den Kindern Israel, gebe. Jeden Ort, auf den eure Fußsohle treten wird – euch habe ich ihn gegeben ... Sei stark und mutig! Denn du sollst diesem Volk das Land als Erbe austeilen" (Josua 1). Es ist köstlich, wenn Gott so klar uns unsere Berufung bestätigt und uns erkennen lässt, dass Er es ist, der uns die von uns aufgenommene Arbeit in die Hand gelegt hat.

Aber große Segnungen lassen auf große Prüfungen schließen. Und sie kamen auch für Josua und das Volk, das Gott ihm anvertraut hatte. Jehova hatte vorausgesehen, welche

Kämpfe und Proben, welche Niederlagen und Enttäuschungen es geben würde. Darum war die Berufung so klar, die Sendung so bestimmt und das Wort des Trostes so inhaltsvoll und köstlich gewesen, damit Josua später nicht den Mut verlieren und sich alsdann unfähig erweisen möchte, den Dienst auszuführen, den Gott ihm gegeben hatte. Und doch sehen wir jetzt den Knecht des Herrn im Staub vor seinem Gott liegen und klagen: „O, wären wir doch jenseits des Jordans geblieben!"

Das musste seinen Grund haben. Und wir finden ihn in der ersten Niederlage, die Israel in seinem Erbe erlebte – in der Flucht des Volkes vor den Männern des kleinen Städtchens Ai. Diese Schmach und Niederlage hatte Josua nicht erwartet. *Nun stand hinfort Verheißung und Erfüllung im Gegensatz*. Die Erfahrung rechtfertigte nicht die Erwartungen, die man auf Grund der Verheißungen Gottes mit hinübergenommen hatte ins heilige Land hinein. Hatte Gott doch gesagt: „Jeden Ort, auf den eure Fußsohle treten wird, euch habe Ich ihn gegeben", und nun diese schmachvolle Niederlage, dieses Offenbarwerden der Ohnmacht des Volks auf dem Boden seines Erbteils vor den Feinden des Herrn! Nachdem die gewaltigen Mauern von

Jericho durch den Glauben gefallen waren, da war man siegesbewusst hinausgezogen um Ai zu gewinnen, aber man kehrte geschlagen zurück und ließ sechsunddreißig streitbare Männer auf dem Kampfplatz liegen. Das wirkte so erschütternd auf das ganze Volk, dass das Herz des Volks zerschmolz wie Wasser und Josua vor Gott im Staub klagte: „O, wären wir jenseits des Jordans geblieben!“

* * *

Welch ein Bild unserer Zeit! Wir schauen zurück auf große Taten Gottes, die sich in den letzten Jahren in unserer Mitte zugetragen haben. Die Winde Gottes wehten durch die ganze Gemeinde, bewegten kleinere und größere Kreise der Gläubigen und viele verstanden den Ruf, über den Jordan zu gehen und das als Erbe anzutreten, was Gott uns in Jesus Christus geschenkt hat. Wie sehnte man sich, alles das einmal in der Erfahrung zu besitzen, was man auf Grund der Schrift als erreichbar erkannt hatte. Viele erkannten, dass sie bis dahin ein Glaubensleben geführt hatten, das dem vierzigjährigen Wandel Israels in der Wüste glich. Es zog in demselben auf und ab und gab sich zufrieden mit der Freude an der Verheißung und wagte nicht, durch den Glauben das Verheißene wirklich in Besitz zu nehmen. Und ich bin überzeugt, dass es unserem großen Josua gelungen ist, viele Seiner Glieder in eine innere, tiefere und reinere Gemeinschaft mit Sich selbst zu führen. Kräfte des Lebens sind dem Volk Gottes erschlossen worden, die man früher nicht besaß. Man hat angefangen, aus der Fülle Christi zu nehmen Gnade um Gnade. Viele rangen sich durch zu einem geweihten Leben, zu einem Wandel im Geist und zu einem Dienst, der Frucht für Gott bedeutet.

Und doch, ist es nicht plötzlich in der ganzen Gemeinschafts- und Heiligungsbewegung so merkwürdig still geworden? Sind nicht Gebiete betreten worden, wo unsere Brüder im Kampf gefallen sind und nicht stehen konnten vor der Macht des Feindes? Wer Verbindung hat mit den verschiedenen Kreisen von Gläubigen, der sieht die Herzen, die zerschmolzen sind wie Wasser, und die Knechte Gottes, die vor dem Herrn im Staub liegen und seufzen: „O, wären wir doch jenseits des Jordans geblieben!“

* * *

Aber als Josua in seiner Mutlosigkeit ausgeredet hatte, da fängt der Herr an zu reden. Er hebt einmal den Schleier und deckt den Grund der Niederlage des Volks auf. Israel hatte in der Person von Achan gestohlen, von dem Verbannten genommen und es verheimlicht. Obgleich nur eine Seele gesündigt hatte, so wurde doch das ganze Volk in Mitleidenschaft gezogen. Gott behandelte das Volk als ein Ganzes und man lernte verstehen: „Wenn ein Glied leidet, so leiden alle Glieder mit!"

Nie gehen auch in unseren Tagen die Sünden der Einzelnen an dem Ganzen vorüber. Wir fühlen alle mehr oder weniger den Druck, der vielfach auf der ganzen Gemeinde Gottes liegt. Als Glieder des einen Leibes, von dem Christus das Haupt ist, empfinden wir die Zuckungen, die durch den ganzen Körper gehen. Durch den einen Geist sind wir zu einem Leib getauft worden und tragen nun mit an den Lasten und Pflichten des Ganzen. Aber es ist merkwürdig, dass die Schmach, die durch die Sünde Einzelner auf das ganze Volk gebracht wurde, als erstes und am stärksten zunächst von denen empfunden wird, die selbst am wenigsten Schuld an derselben tragen. Unbefleckte Herzen fühlen es als erste, wenn die Gemeinde Gottes durch die Sünde Einzelner belastet vor Gott steht und Niederlage im Kampf mit der

Welt und den Mächten der Finsternis erlebt. Und die, welche gesündigt haben, sind vielfach am sorglosesten. Während andere fasten und beten und nach den Ursachen der Stürme und Niederlagen suchen, liegen sie wie ein Jona sorglos unten im Schiffsraum und schlafen. O, die Sünde kann die Heiligen Gottes furchtbar gleichgültig und taub machen! Aber wehe dem, wer sich mit seinem belasteten Gewissen versteckt, bis Gott ihn hervorsucht. Unserem Gott kann niemand entfliehen, auch ein Achan nicht, der gestohlen hatte von dem, was Gott gehörte. Der Herr hört das Schreien Seines gebeugten Volkes und spricht auch heute zu demselben: „Stehe auf! Warum liegst du denn auf deinem Angesicht? Israel hat gesündigt ... und gestohlen, es auch verheimlicht und es auch unter ihr Gerät gelegt."

Da wusste Josua alles. Dem Gebeugten werden die Augen geöffnet auch für die Sünden, mit denen die Kinder Gottes belastet sind. Der Herr offenbart sie und deckt einmal den ganzen Schaden auf. Man hatte in Israel gestohlen, verheimlicht und es unter das eigene Gerät gelegt!

Wann war das geschehen? Als man siegend und triumphierend über die Trümmer Jerichos schritt. Gott hatte angeordnet, dass die Stadt und alles, was darin ist, ein Bann für Ihn sein sollte. Außer Rahab und ihren Angehörigen sollte alles Fleisch durchs Gericht gehen und getötet werden und alles Silber und Gold samt den ehernen und eisernen Geräten sollte dem Herrn heilig sein. Und warnend hatte Gott hinzugefügt: „Hütet euch, etwas von dem Verbannten zu nehmen, wodurch ihr Israel zum Bann macht und es in Trübsal bringt." Und doch war in der Stunde des allgemeinen Triumphes und Sieges gestohlen worden. Achan sah unter der Beute einige kostbare Gegenstände und nahm sie und verbarg sie in seinem Zelt.

Nicht wahr, meine Brüder und Schwestern, da liegt die Ursache für die Niederlagen in unserem persönlichen Glaubenskampf und der Grund, warum wir als Volk Gottes Niederlagen im Kampf mit den Mächten der Finsternis erleben. Soll uns unser Erbe erschlossen werden und wollen wir das in Jesus Christus uns erschienene Leben nach allen Möglichkeiten und in seinem vollen Umfang und seiner Kraft und Herrlichkeit mehr und mehr kennenlernen, dann müssen wir innerlich rein bleiben von dem, was Gott gehört und nicht suchen das unter unser eigenes Gerät zu legen, was zum

Schatz Jehovas gezählt ist. Nur wer auf dem Boden, den Israel beim Anfang der Eroberungen seines Erbes betrat, stehen bleibt und alles, was sich als Fleisch in seinem Leben offenbart, durchs Gericht gehen lässt und alles andere als etwas, das Jehova geweiht ist, betrachtet und behandelt, wird von Kraft zu Kraft, von Herrlichkeit zu Herrlichkeit weiter schreiten und die unbegrenzten Möglichkeiten des mit Christus in Gott verborgenen Lebens kennenlernen.

## 4. Und David wollte nicht...

*Und David fürchtete sich vor dem HERRN an jenem Tag und sprach: Wie soll die Lade des HERRN zu mir kommen? **Und David wollte die Lade des HERRN nicht zu sich einkehren lassen** in die Stadt Davids; und David ließ sie beiseite bringen in das Haus Obed-Edoms, des Gatiters.*
*2.Samuel 6,9-10*

Es ist köstlich, meine Brüder und Schwestern, dass wir durch die Heilige Schrift so in den Werdegang der Heiligen Gottes hineinschauen dürfen! Vor uns steht David, der Mann nach dem Herzen Gottes und der gesalbte König seines Volks. Gewaltige Stürme und Kämpfe lagen bereits hinter ihm. Der Weg von der Wüste, wo er als Hirtenknabe die Herden seines Vaters hütete, bis nach Hebron, wo man ihn zum König über Israel salbte, war kein leichter gewesen. Der Weg zur Krone ist immer ein schwerer und mit viel Prüfung und Kampf verbunden.

Die Wasser waren ihm bis an die Seele gegangen, aber immer wieder stärkte er sich in dem Herrn, seinem Gott und ging alsdann mit neuer Kraft aus den Prüfungen hervor.

Augenblicklich lag mehr Sonnenschein auf seinem Leben. Saul war im Kampf mit den Philistern gefallen und beide Stämme, sowohl Juda, wie Israel, hatten ihn in Hebron zum König gesalbt. Nun sehnte sich das Herz Davids danach, dass sein Leben und sein Dienst *ein Leben und ein Dienen in der*

### Gegenwart des Herrn

*sein möchte*. Sein ganzes Herz war darauf gerichtet, ungeteilt dem Herrn zu leben. Daher sammelte er die Auserlesenen aus Israel und alles Volk, das bei ihm war, um sich und zog hin, um die Lade Jehovas in seine Stadt zu bringen. Die Lade war ja das Symbol der Gegenwart Gottes. Diese sollte wohnen in seiner Stadt. David wollte leben und dienen vor den Augen Jehovas. Und mit viel Freude und Jubel versuchte man die Lade auf einem neuen Wagen hinauf in die Stadt Davids zu bringen. David und das ganze Volk spielten vor Jehova mit allerlei Instrumenten und begleiteten mit großer Freude die Lade Gottes.

Da geschah plötzlich etwas Furchtbares. Als man bis zur Tenne Nakons gekommen war, da langte Ussa, einer der beiden Priestersöhne Abinadabs, die den Wagen führten, nach der Lade Gottes und fasste sie an, denn die Rinder hatten sich losgerissen. Da entbrannte der Zorn Jehovas wider Ussa und Er schlug ihn daselbst wegen des Vergehens und er starb daselbst bei der Lade Gottes. Als David dieses

## Gericht der Gegenwart Gottes

*an Ussa sah*, da fürchtete er sich sehr und wollte nicht, dass die Lade Gottes hinaufkäme in seine Stadt. Als er sah, mit welch einem heiligen Ernst die Gegenwart des Herrn verbunden sei, da entfiel ihm der Mut und er befahl, dass man die Lade Gottes in das Haus Obed-Edoms bringen sollte.

O, welch eine tiefe Wahrheit liegt doch in diesem Abschnitt! Wie viel Licht fällt doch durch diese Erfahrung Davids in unser persönliches Glaubensleben! Wer hat nicht in der Furcht und Mutlosigkeit Davids gelegentlich seine eigene Furcht vor der Gegenwart des Herrn erkannt! Es erging uns wie dem König Israels. Vor uns lagen neue Aufgaben, Gott gab uns neue Dienste unter Seinem Volk, erweiterte den

Kreis unserer Tätigkeit und unseres Einflusses und vertraute uns Aufgaben an, von denen wir wussten, dass sie allein in Seiner Gegenwart gelöst werden konnten. Und da sehnten wir uns danach, dass auch unser Leben mehr als je ein Leben in Seiner Gegenwart, ein Dienst vor Seinem Angesicht und ein Wandel in Seinem Licht sein möchte. Uns verlangte danach in Bezug auf unser ganzes Leben und Dienen mit dem Apostel Paulus sprechen zu können: „Aus Gott vor Gott reden wir!" Und mit welch einer inneren Freude nahmen wir wahr, dass Gott auf die Gebete und verborgenen Seufzer unserer Seele antwortete und so merklich uns mehr und mehr in Seine Gegenwart rückte. Wie freuten wir uns, dass wir Ihm Raum machen durften nicht nur in unserem Herz, sondern in unserem Haus, in unserem Geschäft und in allem, das Gott uns unterordnet hatte.

Plötzlich trat jedoch eine Unterbrechung ein. Wir verloren den Mut, das Leben in der Gegenwart Gottes praktisch nach allen Seiten hin auszuleben. *Der Herr schuf sich auch auf unserem Glaubensweg ein Exempel des Ernstes und der Heiligkeit Seiner Gegenwart* und hinfort fürchteten wir uns vor dem Gericht, das Gott über das Fleisch ausübt. Ussa hatte offenbar in der Stunde der Gefahr die Lade Gottes mit der Kraft seines Armes schützen wollen und da wurde er von Gott gerichtet. Gottes Gegenwart duldet kein Fleisch. Wer in der Gegenwart des Herrn leben will, muss damit rechnen, dass alles Eigene und Fleischliche von Ihm gerichtet wird. Der Wandel im Licht schließt alles aus, was sich als Finsternis und Feindschaft gegen Gott offenbart. Verborgene Gemeinschaft mit Gott liegt für jeden nur auf der Linie der Scheidung. Das erkannten wir und verloren den Mut, die schweren Kosten der Scheidung zu tragen, die mit dem Leben in der Gegenwart Gottes verbunden sind. Und was taten wir? Wie David überließen wir die Lade Gottes, das Leben in der Gegenwart Gottes, andern, die wir für geheiligter und befähigter hielten.

Aber was tat der Herr während der drei Monate, in welchen die Lade Gottes im Hause Obed-Edoms war?

*Jehova segnete durch Seine Gegenwart Obed-Edom und sein ganzes Haus*. Ussa hatte die Gegenwart des Herrn gerichtet und Obed-Edom und sein Haus wird gesegnet. Welch ein Gegensatz! – Dort Tod und hier Leben! *Gottes Gegenwart richtet das Fleisch, aber segnet den Geist*. Wer geistlich ist, wird in der Gegenwart des Herrn nicht gerichtet, sondern aufgerichtet werden. Des Herrn Gegenwart stärkt und segnet den Geist. O, fürchten wir uns daher nicht vor den Gerichten, die in Gottes Gegenwart vollzogen werden. Sie ergehen nur über das, was sich in eigener Kraft und in Feindschaft gegen Gott erhebt. Stehen wir innerlich so vor unserem Gott, dass in unserem Leben und Dienen nichts zurückbleibe, was nicht das Licht Seines Angesichts ertragen kann, dann dürfen wir uns nicht fürchten vor Seinem heiligen Auge, das uns bis ins tiefste Quellgebiet unseres Lebens hinein durchmustert. Nur wer in seinem Glaubensleben und in der Gemeinschaft mit Gott Dinge weiter pflegen möchte, die der Herr gerichtet hat und von denen er uns lösen möchte, hat Grund das Leben in Seiner Gegenwart zu fürchten. Innige Verbindung mit Ihm und gleichzeitige Verbindung mit den unfruchtbaren Werken der Finsternis, das duldet Er nicht. Es trete ab von der Ungerechtigkeit, wer den Namen Christi trägt. „Ich bin heilig und ihr sollt auch heilig sein!“ Das ist ein unumstößlicher Grundsatz für unsere Gemeinschaft mit Gott.

Und hast du nicht gesehen, mein Bruder, während du dich zurückzogst, weil die Kosten dir zu hoch waren, dass Obed-Edom mit seinem ganzen Hause gesegnet wurde? Dir wurde die Bewegung zu heilig, die Linien, die man zog, waren zu gerade, der Ernst und die Hingabe, die man verlangte oder anstrebte, schienen dir überspannt zu sein und du ließest andere weitergehen und zogst dich zurück. Jedoch mache es, wie David es machte. Es wurde dem König berichtet, dass Jehova Obed-Edom und sein ganzes Haus gesegnet habe um der Lade Gottes willen. Als David das erfuhr, da ging er hin und holte die Lade Gottes hinauf in die Stadt Davids mit Freuden. Es ist ja schade, wenn unser Weg „näher zu Gott hin" Unterbrechungen erleidet, aber sind sie aus irgendeinem Grund eingetreten, so ist es ratsam, dass wir so schnell wie möglich wieder einen Weg betreten, auf dem wir Gott näher kommen können. Dein Glaubens- und Heiligungsleben hat vielleicht wirklich eine Unterbrechung erfahren. Aus irgendeinem Grund wurdest du mutlos und bliebst still stehen und ließest andere weitergehen. Bleibe nun jedoch nicht bei deiner Unterbrechung stehen. Siehe, wie andere, die bereit waren, die Kosten eines wirklich geheiligten, gesalbten und ausgelieferten Lebens zu tragen, gesegnet worden sind. Siehe, welche

Freuden und Segnungen sie in der verborgenen Gemeinschaft mit dem Herrn und in ihrer abgesonderten Stellung für Ihn auf ihrem Weg und in ihrem Dienst erfahren haben, und fasse Mut, mein Bruder, und betritt denselben Weg. Nimm den Gedanken und den Wunsch wieder auf in deinem Herzen, ein Leben in der Gegenwart Gottes zu führen. Wie Obed-Edom sollst auch du gesegnet werden samt deinem ganzen Haus. Es lohnt sich den Schritt zu wagen. Mag uns auch das Gericht schwer erscheinen, das Gott an unserem natürlichen Wesen ausübt, Seine Gegenwart ersetzt alles. Fürchten wir uns daher nicht, in den Tod zu geben, was Gott an uns nicht gebrauchen kann und uns von dem zu lösen, was verwerflich in Seinen Augen ist. Er bietet Ersatz für unseren Verlust. Jedes an uns vollzogene Gericht über unser fleischliches Wesen bedeutet nur geistlichen Segen für uns. Gott macht durch die Gerichte Platz in uns für Seine Kraft und Seine Herrlichkeit. Wer mitgekreuzigt ist, der ist auch mitauferstanden zu einem neuen Leben und besitzt die Kräfte der ewigen Welt für die praktischen Dienste hier unten auf Erden.

Aber *werden dich alle verstehen*, wenn du diesen Weg der Gemeinschaft mit Gott wandelst und ein Leben in Seiner Gegenwart und in Seinem Licht führst? Heilige Wege sind einsame Wege. Je näher du Gott trittst, desto mehr bleibst du allein. Vor allem wird dich die große Menge nicht verstehen und unter dem Volk Gottes diejenigen nicht, die fleischlich gesinnt sind.

Als David vor der Lade Gottes herging und spielte und im Springen und Tanzen die Freude seines Herzens zum Ausdruck brachte, da schaute seine Frau Michal, die Tochter Sauls, durchs Fenster und sah David in seiner Freude. *Und da verachtete sie ihn in ihrem Herzen* und stellte ihn, als er heimkam zur Rede. Das war ihr zu überspannt und schwärmerisch gewesen. Warum wohl? Obgleich sie durch die Ehe mit David verbunden war, so hatte sie doch wenig Verständnis für die tiefe Frömmigkeit Davids. Ihr fehlte die Grundlage zum Verständnis der verborgenen Freude, die David in diesen Stunden genoss, ihr fehlte die Liebe zum Herrn, die sich freut, wenn des Herrn Befehle ausgeführt und Er Selbst in der Mitte Seines Volks zelten kann.

So gibt es auch in unseren Tagen manche Seelen, die innerlich vor Gott die Stellung der Tochter Sauls einnehmen. Äußerlich sind sie wohl verbunden mit dem Volk Gottes, pflegen gelegentlich Gemeinschaft mit demselben, aber es fehlt ihnen die innerliche verborgene Verbindung mit dem Herrn. Daher zeigen sie auch kein Verständnis für die tieferen Freuden der Knechte und Mägde Gottes, wenn diese sehen, wie die Gegenwart und Herrlichkeit des Herrn mehr und mehr Platz in ihrer Mitte gewinnt. Seelen, die ferne bleiben und die verborgene Gemeinschaft mit dem Herrn nicht pflegen, werden immer voll von Vorurteilen und Vorwürfen sein gegen die, die sich mit David freuten, dass sie der Lade Gottes in ihrer Stadt einen Platz bereiten durften. Aber wer geschmeckt und erkannt hat, welche Freuden es bringt, vor Gott zu wandeln und vor Ihm zu stehen, der wird mit David sprechen: „Vor dem HERRN will ich spielen; und ich will noch geringer werden als diesmal und will niedrig sein in meinen Augen“. Wie scharf man uns nun auch beurteilt oder gelegentlich verurteilt, wie tief wir auch immer wieder in den Ernst eines geheiligten und geweihten Lebens hineinschauen dürfen, so bleibe doch der Grundsatz unseres Lebens:

Näher, mein Gott, zu Dir,
Näher zu Dir!

## 5. Was tust du hier?

*Und er stand auf und aß und trank und er ging in der Kraft dieser Speise vierzig Tage und vierzig Nächte bis an den Berg Gottes, den Horeb. Und siehe, das Wort des HERRN erging an ihn und Er sprach zu ihm:* ***Was tust du hier, Elia?*** *Und er sprach: Ich habe sehr geeifert für den HERRN, den Gott der Heerscharen; denn die Kinder Israel haben Deinen Bund verlassen, Deine Altäre niedergerissen und Deine Propheten mit dem Schwert getötet; und ich allein bin übrig geblieben und sie trachten danach, mir das Leben zu nehmen.*

*1.Könige 19,8-10*

Wenn wir uns in Stunden des Kampfes und der Prüfung befinden, dann denken wir oft, dass auch niemand so viel zu erdulden und niemand so viel zu kämpfen hat, wie wir es haben und dass solche heißen Tage nur den kleinen Leuten im Reich Gottes begegnen können. Durch diesen Abschnitt gestattet uns der Heilige Geist einen Einblick in die Empfindungen und Kämpfe der Seele eines Mannes, der zu den Großen unter den Knechten Gottes gehört und zeigt uns, dass auch Propheten Gottes in ihrem Dienst und ihrem Glaubenskampf mutlos werden können.

### Eine dunkle Zeit

Um aber den Propheten in seiner Niedergeschlagenheit zu verstehen, müssen wir die dunkle Zeit erwägen, in welcher er wirkte. In seinen Tagen triumphierte das Fleisch über den Geist. Ahab und Isebel waren ein gefügiges Werkzeug in der Hand des Fleisches, durch welches jede geistliche Regung in Israel unterdrückt und vernichtet wurde. Baal war Gott in Israel geworden und die Priester des Baal waren an die Stelle der Priester Gottes getreten und füllten das Land. Die heiligen Knechte Gottes hatten unter dem fleischlich gewordenen Gottesvolk ihr Recht verloren und konnten nur im Verborgenen am Leben erhalten werden. Wer wie Nabot wagte dem Gelüst des Fleisches zu widerstehen und treu zu dem Gesetz Gottes stand, sich weigerte das empfangene Erbe preiszugeben, der wurde auf dem Weg der List beiseite geschoben und unschädlich gemacht. Kein Bürger des Landes war zu teuer, dass er nicht feil* war, sobald es sich herausstellte, dass er nicht den Grundsätzen des Fleisches huldigte, die an der Tagesordnung waren. In allen, die geistlich gesinnt waren, sah man Feinde des Volkes und Feinde des Landes. Als Elia sich eines Tages im Auftrag Gottes Ahab zeigte, da empfing dieser den Propheten Gottes mit den Worten: „Hast du mich gefunden, mein Feind?" und ein anderes Mal mit den Worten: „Bist du es, der Israel in Trübsal bringt?" O, das ist charakteristisch für das Fleisch, dass es die Ursache der Verwirrung und der Gerichte immer bei anderen und nie bei sich selbst sucht. Es glaubt, dass die Vertreter der Wahrheit an all der vorhandenen Unordnung und dem Unglück schuld sind und sieht nicht, *dass es selbst die Quelle der Dürre und der Verwirrung in Israel ist*.

### Der Sieg auf dem Karmel

Aber auch für solche dunkle Zeiten hat Gott Seine Propheten. Wo das Fleisch groß geworden ist, erzieht Gott sich Knechte des Geistes, die noch größer sind. Wenn alles geistliche Leben aus Furcht vernichtet zu werden, sich vor dem Gebahren des Fleisches zurückziehen muss,

* verkäuflich

da bildet der Herr sich Charaktere aus, die den Mut haben, einem Ahab vorzuhalten: *„Du bist der Mann*, der Israel in Trübsal und Verwirrung bringt!" Während alles Volk sich vor Baal beugt, da schreibt der Prophet Gottes auf seine Fahne: „So spricht Jehova, *vor dem ich stehe* und *dem ich diene!"*

Einen solchen Mann stellte Gott in die dunkle Zeit hinein und ließ ihn als Leuchte der Wahrheit in der Mitte eines fleischlich gewordenen Gottesvolkes dienen. Durch Elia führte der Herr das hinkende Israel samt seinem König vor die Entscheidung. Gott hat lange Geduld mit seinen verirrten Kindern, aber endlich müssen sie sich doch entscheiden, ob sie Buße tun und Ihm dienen oder in ihrer fleischlichen Gesinnung verharren wollen. Als das ganze Volk samt dem König und allen Baalspriestern auf dem Berg Karmel versammelt war, trat Elia vor das Volk und sprach zu ihm: „Wie lange hinkt ihr auf beiden Seiten? Wenn der HERR Gott ist, so wandelt Ihm nach; wenn aber der Baal, so wandelt ihm nach!" Dann machte er der ganzen Versammlung den Vorschlag, dass der Gott, der mit Feuer antworten werde, der wahre Gott sei. Und alles Volk antwortet: „Das Wort ist gut!"

Allein 450 Baalspriestern und einem wankelmütigen Volk gegenüber steht Elia da, aber sein Herz ist voll Mut und Zuversicht, dass die Rechte Gottes siegen wird. Und als Gott nach dem Misserfolg der Baalspriester auf das Gebet Seines Knechtes hin mit Feuer geantwortet hatte, da fiel das ganze Volk auf sein Angesicht und sprach: „Der Herr ist Gott, der Herr ist Gott!“ Und infolge dieses gewaltigen Ereignisses stand ganz Israel so unter der Furcht Gottes, dass niemand seine Stimme und seine Hand zu erheben wagte, als Elia die Vertreter des falschen Gottesdienstes am Bach Kison richtete.

### Die Entmutigung in der Wüste

Ist es nun denkbar, dass eine so ausgereifte Persönlichkeit und ein so bewährter Charakter, wie Elia es war, mutlos werden konnte im Dienst seines Herrn und in den Reformationsbestrebungen in der Mitte seiner Brüder?

Als Ahab heimkam und der Isebel die Ereignisse des Tages mitgeteilt hatte, da kannte ihre Wut gegen den Propheten Gottes keine Grenzen und sie beschloss Elia zu töten. Ihre Entscheidung wider die Wahrheit hatte sie längst getroffen und daher zeugten auch alle ihre

Handlungen von ihrem sicheren Ausreifen zum Gericht. Die Ereignisse auf dem Karmel hatten keinen Eindruck zum Guten auf sie gemacht, denn ihr Herz war in Bosheit gegen Gott verhärtet. Als Elia den Beschluss und den Schwur der Königin erfuhr, da war er tief enttäuscht in seiner Seele. Nach dem Sieg auf dem Karmel war er nach Jesreel mit hinuntergelaufen und womöglich erfüllte sein Herz die Freude, ganz Israel zu Gott zurückgeführt zu haben. Aber hier kommt der Widerspruch. Alles Volk samt dem König hatte sich vor Gott und seinem Knecht gebeugt, aber Isebel beugt sich nicht, sondern schwört Rache wider den Gesandten Gottes. So erhebt das Fleisch immer wieder das Haupt und verharrt im Kampf wider den Geist, bis es endlich wie die Isebel von Gott gerichtet wird.

Als Isebel Elia durch einen Boten sagen ließ: „So sollen mir die Götter tun und so hinzufügen, wenn ich nicht morgen um diese Zeit dein Leben dem Leben eines von ihnen gleich mache!“, – da machte sich der Prophet auf und ging fort um seines Lebens willen und kam in die Wüste und setzte sich unter einen Ginsterstrauch. Und er bat den Herrn, dass seine Seele stürbe und sprach: „Es ist genug; nimm nun, HERR, meine Seele.“

Aber der Herr stärkte Seinen müde gewordenen Knecht und sandte ihm durch den Engel gebackenen Kuchen und einen Krug Wasser, damit er esse und sich stärke für den weiten Weg, der vor ihm lag. Und Elia stand auf und aß und trank und ging in der Kraft dieser Speise vierzig Tage und vierzig Nächte bis an den Berg Gottes, den Horeb.

Hier am Berg geschah das Wort Gottes zum Propheten: *„Was tust du hier, Elia?"* Und er sprach: „Ich habe sehr geeifert für den Herrn, den Gott der Heerscharen, denn die Kinder Israel haben Deinen Bund verlassen, Deine Altäre niedergerissen und Deine Propheten mit dem Schwert getötet; und ich allein bin übriggeblieben und sie trachten danach, mir das Leben zu nehmen." Nun trat in Erscheinung, was in den letzten Tagen den Propheten bewegt hatte. In dieser Klage lag der tiefe Schmerz seiner Seele, dass all seine Arbeit vergeblich und all sein Dienst fruchtlos geblieben sei. Er wusste, dass er treu gewesen war in seinem Dienst, dass sein Herz aus Liebe zu seinem Volk gebrannt hatte, dass er rein geblieben war in seinem Eifer für Gott und doch hatte es den Anschein, als ob alles umsonst gewesen sei.

Wer von den dienenden Knechten und Mägden Gottes hat das nicht schon gelegentlich mit erfahren dürfen! Es gibt vielfach so dunkle Zeiten in der Welt und in der Mitte des fleischlich gewordenen Gottesvolks, dass es oft den Anschein hat, als ob der Geist des Herrn nie mehr mit seiner belebenden und reinigenden Kraft durchdringen wird. Und wenn dann in Stunden gnadenvoller Heimsuchung der Sieg der Gnade und das Heil des Volkes so nahe lag, wie auf dem Karmel und man nachher aber doch mit Schmerz wahrnehmen muss, dass dem Fleisch wieder Raum gegeben und die Herrschaft eingeräumt worden ist, dann stehen auch Propheten Gottes in Gefahr, wie Elia mutlos zu werden.

„Was tust du hier, Elia?“ – so fragte Gott Seinen Propheten. Und trifft nicht auch heute manchen mutlosen Knecht derselbe Vorwurf, der in den Worten Jehovas für Elia lag? Wollte Gott nicht Seinem Knecht sagen: „Elia, hast du nicht viel Arbeit unter meinem Volk und besonders in diesen Augenblicken, wo so viel von einer richtigen Anleitung des zur Erkenntnis gebrachten Volkes abhängig sein kann?“

O, da sehen wir, wie verhängnisvoll solche Stunden für uns werden können! Lenken wir in der Stunde der Prüfung unseren Glaubensblick erst auf die Verhältnisse und Schwierigkeiten, die uns umgeben, dann stehen wir in Gefahr Schritte zu tun, die Gott nicht gefallen und die uns unfähig machen, den Dienst zu verrichten, den Gott uns übertragen hat. Vielleicht wäre es Elia möglich gewesen, wenn er in seiner Stellung verharrt und Glauben gehalten hätte, Israel von der Erkenntnis Gottes nun noch den einen Schritt weiter zu führen, dass es sich entschlossen hätte, hinfort dem lebendigen Gott allein zu dienen. Aber er ging um seines Lebens willen und die Ewigkeit wird es offenbaren, welch einen Verlust das für den Propheten selbst und für sein ganzes Volk bedeutete!

### Die Stärkung am Horeb

Aber wenn auch die Größten unter den Heiligen je und je müde und mutlos geworden sind, unser Gott wird nicht müde und matt und versteht in Seiner nie ermüdenden Liebe auch mit Seinen zusammengebrochenen Knechten zu reden und sie wieder aufzurichten. Nachdem Elia sein Herz ausgeschüttet und sich auf die Frage des Herrn gerechtfertigt hatte, da schenkte der Herr ihm eine wunderbare Begegnung. Der Herr weiß, dass wir allein in Seiner Gegenwart und im Umgang mit Ihm selbst aufs Neue erstarken und den Mut gewinnen, in neue Aufgaben zu treten.

Zunächst redete der Herr zu Seinem Knecht durch einige wunderbare Naturerscheinungen und alsdann zeigte Er ihm die wichtigen Aufgaben, die noch vor ihm lagen. Als Elia nun in seiner Höhle wartete, da fegte plötzlich ein gewaltiger Sturmwind vorüber – aber der HERR war nicht im Wind. Als der Wind vorüber war, kam ein mächtiges Erdbeben, sodass alles erschüttert wurde – aber der Herr war auch nicht im Erdbeben. Nach dem Erdbeben folgte ein großes Feuer – aber der Herr war auch nicht im Feuer. Danach folgte ein stilles sanftes Sausen und als Elia das wahrnahm, da verhüllte er sein Angesicht mit seinem Mantel und stellte sich in den Eingang der Höhle.

Diese Ereignisse hatten eine tiefe Bedeutung und ließen den Propheten das geheimnisvolle Wirken seines Gottes erkennen. Elia hatte sich so heiß nach einer durchgreifenden Buße und Bekehrung seines Volkes gesehnt, in all seinen Bemühungen war es seine Absicht gewesen, das fleischlich gewordene Gottesvolk zurück zu seinem Gott zu führen. Und offenbar hatte er geglaubt, dass dieser Segen nur durch gewaltige Erschütterungen herbeigeführt werden könne. Aber nun musste er erkennen, dass nicht auf diesen Wegen der Segen Gottes liegt. Gott wirkt still und sanft und erzieht sich auch in den dunkelsten Zeiten einen Überrest von 7.000, die ihre Knie vor Baal nicht gebeugt haben und deren Mund ihn nicht geküsst hat.

Vielleicht hast auch du dich öfter allein gefühlt wie ein Elia, hast gedacht, dass dich auch niemand versteht und niemand zu finden ist, der dasselbe Sehnen der Seele in sich trägt – und wenn Gott dir dann erst den Blick öffnet für die verborgene Arbeit Seines Geistes, da erkennst du, dass es unter dem Gottesvolk Tausende gibt, in denen der Herr durch Seinen Geist dasselbe Verlangen und dieselbe Frucht des Geistes hat wirken können, die in dir gewirkt sind. Und ist der Segen auch nicht auf dem Weg gekommen, den du dir dachtest, dann siehe, ob Gott nicht auf jenem Weg, den Er sich vorbehalten hat, doch zu Seinem Ziel kommt. Was der Sturm der Begeisterung und erschütternde Ereignisse und feurige Zungen nicht erreichen können, das kann Gott durch die stille verborgene Wirksamkeit Seines Geistes bewirken. Ist dein Blick und dein Vertrauen erst gelöst von den Mitteln, die du dir zur Erweckung und Neubelebung deines Volkes dachtest, dann wird Gott dir die Augen öffnen für jene Mittel, durch welche **ER** wirken kann und wirken will. „Nicht durch Macht und nicht durch Kraft, sondern durch Meinen Geist" – war die Botschaft Gottes an Serubbabel. Darum richte auf die erschlafften Hände und die gelähmten Knie, denn der Herr hat noch wichtige Aufträge für dich!

## 6. Bist Du es, der da kommen soll?

*Als aber Johannes im Gefängnis die Werke des Christus hörte, sandte er durch seine Jünger und ließ ihm sagen: **Bist du der Kommende**, oder sollen wir auf einen anderen warten?*
*Matthäus 11,2-3*

Mit dieser ernsten Frage kam man zum Herrn Jesus. Aber wer? Von wem gesandt? Nicht vom königlichen Hof, der in jeder Bewegung Gefahr für den Thron witterte. Die Welt und das Fleisch fürchten immer gleich für ihre Existenz, wenn irgendwo die Werke Gottes offenbar werden. Auch nicht vom Volk, dass sich in seiner Unselbstständigkeit von dem Wind der öffentlichen Meinung wie ein schwankendes Rohr hin und her bewegen ließ. Auch nicht von den Schriftgelehrten und Pharisäern, die sich im Besitz der göttlichen Offenbarung dünkten und daher alles verurteilten, was über ihr dogmatisches Erkennen hinausging. Auch nicht einmal von den innerlich ganz gleichgültig dastehenden Sadduzäern, die sich nur insoweit mit religiösen und ernsten Fragen beschäftigten als sie ihnen Stoff für allerlei ergötzliche Spitzfindigkeiten boten. Auch für diese Kreise kam der Augenblick, wo sie in Bezug auf die Person Jesu vor diese Frage gestellt wurden. Die Wege aller Menschen, ob's Fürsten oder Bettler, Fromme oder Gottlose, Gelehrte oder Ungebildete sind, führen früher oder später an Jesus vorbei und dann muss man sich entscheiden, ob Er uns Der ist, der da kommen soll oder nicht.

Wir hätten den Fragesteller womöglich in jenen genannten Kreisen gesucht, jedenfalls nie unter den Frömmsten in Israel. Dazu wäre uns die Frage zu modern gewesen. Wir hätten es kaum für möglich gehalten, dass unter den Heiligen so eine Frage auftauchen und das Herz eines Gläubigen beschäftigen könnte. Und doch war es diesmal weder Herodes noch das Volk, weder ein forschender Schriftgelehrter noch ein gleichgültiger Sadduzäer, sondern jener Mann, der seine ganze Lebensaufgabe darin erkannt hatte, dem „Kommenden" den Weg zu bereiten. Auch Johannes der Täufer erlebte eine Stunde, wo er in Bezug auf die Person Jesu und dessen Werk vor die Frage gestellt wurde:

„Bist Du es, der da kommen soll, oder sollen wir noch auf einen andern warten?“

Gott lässt auch Seine größten Heiligen, und sie vielfach am tiefsten, in solche Anfechtungen hineinkommen, damit sich dadurch jeder gehegte Zweifel klären möge und alle ungelösten Fragen ihre Lösung finden können. Hat man sich erst durch solche dunkle Stunden hindurchgerungen, dann ist man begnadigt, andern mit Trost und Licht zu dienen, die denselben Weg zu gehen haben. Wie viele Tage und Nächte des stillen Harrens und Wartens, wie viel heiliger Schmerz und empfundene Enttäuschung, wie viel Studium des prophetischen Wortes bei Johannes vorangegangen sein möge, bevor er mit dieser Frage seine Jünger zum Herrn sandte, dass wird der ahnen, der ähnliche Stunden in der Nachfolge seines Meisters durchlebt hat.

Man hat vielfach den Versuch gemacht, diese Stelle dahin zu erklären, dass Johannes diese Frage weniger seinetwegen, sondern mehr um seiner Jünger willen an den Herrn gestellt habe. Man kann es sich nicht erklären, wie ein Mann Gottes wie Johannes, der doch zu ganz außergewöhnlichen Diensten berufen und begnadigt wurde, in eine so dunkle Stunde hineinkommen konnte. Durfte er doch Jesus taufen und die Himmel sich öffnen und den Heiligen Geist auf Jesus in der Gestalt einer Taube herabkommen sehen! Hörte er doch das Zeugnis des Vaters vom Sohn: „Dies ist Mein lieber Sohn, an welchem Ich Wohlgefallen habe!“

Wie herrlich und tiefgehend unsere Erfahrungen und die darauf folgenden Aufgaben auch gewesen sein mögen, wie bestimmend sie auch auf unser Leben und auf unsern Dienst eingewirkt haben, so sind sie doch nie eine Garantie, dass wir später nicht in Prüfungen und Proben geführt werden können, wo uns „die Wasser bis an die Seele gehen“. Ja, man kann wohl sagen, dass jene Heiligen, die der Herr einerseits am herrlichsten führt und am tiefsten in Sein Wesen und in Seine Herrlichkeit und in Seine Heils- und Reichspläne hineinschauen lässt, andrerseits Tiefen zu durchwandern haben, wie sie wenige kennenlernen. Große Offenbarungen lassen vielfach auf große Aufgaben und harte Proben schließen. Der Johannes, der seine Jünger auf Jesus mit den Worten hinweisen konnte: „Siehe, das ist Gottes Lamm, welches der Welt Sünde trägt“, fragt aus dem Kerker heraus: „Bist Du es, der da kommen soll, oder sollen wir noch auf einen anderen warten?“ Diesen göttlichen Grundsatz sollten die Gläubigen bei ihrer Erziehung immer wieder in Betracht ziehen, sonst könnten sie mutlos und irre werden in den Proben und Prüfungen, die sich hinfort auf ihrem Glaubenspfad einstellen.

* * *

Wie mag Johannes wohl zu dieser Frage gekommen sein? Er muss doch Erfahrungen durchlebt haben, durch welche er veranlasst wurde, seine Jünger mit dieser Frage zum Meister zu senden. Um Johannes in dieser Stunde und in seiner Frage zu verstehen, müssen vornehmlich zwei Dinge in Betracht gezogen werden: einmal seine persönliche Lage und andrerseits die Tätigkeit des Herrn.

Johannes lag augenblicklich im Kerker. Um der Wahrheit willen hatte Herodes ihn gefangen gesetzt. Aber weniger war es die äußere Not und Trübsal, durch die Johannes zu dieser Frage kam, sondern vielmehr der bisherige Gang des Reiches Gottes. *Was bis jetzt geschehen* und das, *wie es geschehen war*, konnte er wenig in Einklang mit seinen Erwartungen bringen, die er in Bezug auf das kommende Reich Gottes gehegt hatte.

Johannes wusste, dass er die Aufgabe gehabt hatte, dem Volk zu sagen: „Tut Buße, denn das Königreich der Himmel ist nahe herbeigekommen." Er durfte die Stimme des Predigers in der Wüste seines Volkes sein, um zu verkündigen, dass die Stunde gekommen, wo sein Volk aufhören würde eine Wüste zu sein und dass es hinfort blühen, fruchtbar und frisch sein werde. Alle Propheten hatten von der Herrlichkeit dieses Königreichs der Himmel geweissagt und er durfte der Herold* und Wegbereiter dieses Königs auf dem Thron Davids sein. Er war der Morgenstern, der den Aufgang der Herrlichkeit des Herrn ankündigen und sein Volk auf die damit verbundene Erlösung vorbereiten durfte. Und wir können es uns denken, wie Johannes, nachdem er Jesus hatte taufen dürfen, auf die Erfüllung aller prophetischen Verheißungen in Bezug auf die Herrschaft Gottes inmitten Seines Volkes gewartet haben wird.

Aber wie ganz anders gestalteten sich die Dinge. Es war nichts zu hören von einer Umwälzung des jüdischen Staates. Keine Schritte wurden unternommen um Israel von Rom zu befreien. Keine durchgreifenden Reformen und Gesetze wurden erlassen, Jesus tat nichts von dergleichen Dingen. Er predigte nur und zwar gewaltig und nicht wie die Schriftgelehrten, heilte die Kranken und aß mit Zöllnern und Sün-

* Verkündiger, Ausrufer

dern. Das alles bewegte offenbar den Täufer und ließ ihn da im Kerker zu dieser Frage kommen: „Bist Du es, der da kommen soll, oder sollen wir noch auf einen andern warten?“

Aus den Erfahrungen des Johannes und denen aller Heiligen müssen wir wahrnehmen, dass das Reich Gottes und die Verwirklichung der Pläne und Heilsgedanken Gottes sich vielfach praktisch ganz anders ausgestalten, als wir es uns gedacht hatten. *Wir erblicken auf Grund des prophetischen Wortes Ziele, übersehen aber vielfach die Wege, die zu denselben führen*. Unser Auge und unser Herz sind erfüllt von der Wahrheit, die geoffenbart und der Verheißung, die erfüllt werden soll und wir übersehen das „Wie“ ihrer Erfüllung.

Johannes hatte sich keinen Träumereien hingegeben. Seine Erwartungen waren geboren aus dem prophetischen Wort und hatten ihre volle Berechtigung. Wenn er auch keine so große Bibel hatte, wie wir sie haben, so besaß er doch Mose und die Propheten. Diese bildeten die Grundlage seiner Erkenntnis und aus ihnen schöpfte er seine Erwartungen. Es tut Not, dass wir immer wieder untersuchen, ob unser Erkennen, Hoffen und Erwarten aus der Schrift hervorgegangen ist. Es gibt manche Enttäuschungen, die im Leben der Kinder Gottes kommen *mussten*, weil man Erwartungen pflegte, die auf keinem Verheißungsboden ruhten. Jedoch um solche handelte es sich hier nicht. Und doch wich die bisherige Erfüllung der alttestamentlichen Verheißungen von den Anschauungen des Johannes so wesentlich ab, dass er sich in seinen Erwartungen wie getäuscht sah und er offen an den Meister die Frage stellen ließ: „Bist Du es, der da kommen soll, oder sollen wir auf einen anderen warten?"

In unsern Tagen haben wir in den Erfahrungen der Gläubigen dieselben Erscheinungen. Wir treffen Vorbereitungen für im Wort uns verheißene Segenszeiten, helfen erkannten Wahrheiten den Weg zu bahnen und wenn dann der Herr beginnt, durch den Heiligen Geist die Wahrheit zu verwirklichen, dann weicht die praktische Erscheinung derselben oft von unseren Erwartungen und Vorstellungen ab. Selig sind diejenigen, die sich dann nicht über das freie und selbstständige Walten und Wirken des Heiligen Geistes ärgern!

Wie oft sehnen sich Hirten und Bischöfe Gottes, die sich von einer irrenden Volksmenge umgeben sehen, nach einer durchgreifenden

Erweckung; sie beten um eine Belebung ihrer Kirche, um ein Rauschen unter den Totengebeinen. Und wenn dann die Winde Gottes über das Totenfeld wehen und viele erweckt werden und in eine bewusste Glaubensverbindung mit Gott treten, Glied an Glied sich schließt und Leben sich zum Leben findet – dann sind oft auch gläubige Hirten enttäuscht über die Konsequenzen so einer Erweckungsbewegung. Man hatte es sich nicht gedacht, dass so viele gerade von den Erweckten die alten Überlieferungen fahren lassen und jahrhundertelang bestehende Formen brechen würden, dass sich das dogmatische Erkennen der Erweckten und Gläubigen so verschieben und erweitern würde. Mancher gläubige Kirchenmann mag da mit Johannes fragen: „Sind das wirklich die Frühlingswinde eines neuen göttlichen Lebens, die ich herbeigesehnt habe für mein Volk und meine Kirche und denen ich durch die Predigt der Buße den Weg zu bereiten suchte?"

Ähnlich ergeht es vielfach gläubigen Gemeinden und Gemeinschaften, die in ihrer Mitte Reinigungen und Vertiefungen durch das Wehen des Heiligen Geistes erfahren. Vor einigen Jahren hatte ich die Gelegenheit einen lieben Bruder zu besuchen, der Prediger einer freikirchlichen Gemeinde war. Wir kamen auf die gegenwärtigen Bewegungen unter den Kindern Gottes zu sprechen und er teilte mir offen mit: „So geht's nicht weiter, wenn Gott nicht sein Volk reinigt und wir anfangen wieder wirklich geistlich zu sein, dann sind auch wir bald wieder nur eine Kirche unter den Kirchen." Das war ein offenes und freies Geständnis dieses Bruders, dem der Herr hatte Licht geben können über die innere Stellung vieler seiner Brüder. Als wir dann im weiteren Verlauf unseres Gesprächs noch auf manche Frage in Bezug auf unsere Hingabe an Gott und unsere Abhängigkeit von Christus zu sprechen kamen, da sagte er bewegt: „Wie vieles muss sich dann aber in meinem Erkennen und in meinem Leben verschieben!" Es waren heilige Augenblicke, als wir beim Abschied noch einmal im Kupee* des Schnellzuges niederknieten und unser Leben Dem zu Füßen legten, der Sein Leben zuerst für uns dahingegeben hat!

Ja, wenn Gott in unser Leben eingreifen kann und unsere Gesinnung und Tätigkeit anfängt geistlich zu werden und unter die Herrschaft des Hauptes kommt, dann verschiebt sich vielfach manches auch im Erkennen und Leben der Gläubigen und deren praktischem

* Wagenabteil

Gemeindebau. Gewinnt der Heilige Geist einmal Raum in einer Seele und darf er ungehindert Seine Tätigkeit entfalten, dann erweitert er den Blick, gießt die Liebe Gottes aus zu allen Heiligen, macht duldsam gegen andere Gotteskinder, die nicht in allen Fragen des Glaubens dieselbe Erkenntnis haben, macht das Herz streng gegen sich selbst und mild in der Beurteilung anderer. Solche Seelen lernen priesterlich und heilig die Sünden und Unvollkommenheiten anderer tragen und werden selbst mehr und mehr gelöst von den Anschauungen ihrer Umgebung, stehen über Formen und Überlieferungen und beginnen in der Abhängigkeit von Christus in einem Licht zu wandeln, das aus dem Heiligtum stammt.

Ein alter Theologe soll unlängst gesagt haben: „O, könnte ich doch die Bibel einmal zum ersten Mal lesen!“ Welch ein tiefer und reiner Seufzer aus der Mitte derer, die da die Bibel so lesen und verstehen möchten, wie Gott sie liest und versteht. Er fühlte offenbar den Druck, der in dem Angelernten, Überlieferten und von anderen Angenommenen auf ihm ruhte und wie dieses alles ihm den Blick trübte für das reine Verständnis der von Gott geoffenbarten Gesetze des Lebens in der Schrift. Gott liest Seine

Bibel oft ganz anders als wir sie lesen und je ungetrübter unsere Gemeinschaft mit Ihm ist, desto reiner und göttlicher wird auch unsere Schrifterkenntnis und unsere Heils- und Lebensanschauung werden.

Dass sich Reinigungen und Vertiefungen unter solchen und ähnlichen Begleiterscheinungen vollziehen, können manche Gotteskinder jedoch nicht verstehen. Sie hatten sich wohl eine Neubelebung ihrer Kreise gewünscht, aber nicht mit solchen Folgen. Ihnen erscheint vielmehr manches als Überspanntheit, oder als Unordnung oder sogar unbiblisch und bewusst oder unbewusst mag mancher treue Knecht des Herrn fragen: „Herr, ist es wirklich das, was wir für unsere Gemeinden zu ihrer Belebung und Förderung herbeigesehnt und durch unseren Dienst vorbereitet haben, ist es das Rauschen **Deines** Geistes, oder sollen wir noch auf etwas anderes warten?"

* * *

Vielfach werden Kinder Gottes auch entmutigt, wenn sie Erkanntes und Geschautes nicht in dem vollen Umfang verwirklicht sehen, wie es das prophetische Wort in Aussicht stellt. Johannes' Erwartungen waren berechtigt und werden ganz sicher einst ihre volle Erfüllung finden, aber in Seinen Tagen konnte Jesus auf Erden und unter dem jüdischen Volk nur das tun, was da geschah. Daher ließ der Herr auch Johannes sagen: „Blinde werden sehend, Lahme wandeln, Aussätzige werden gereinigt, Taube hören, Tote werden auferweckt, Armen wird gute Botschaft verkündigt u*nd selig ist, wer irgend sich nicht an Mir ärgern wird*!“

Es ist köstlich, wenn die Heiligen Gottes sich nicht in allem fertig wissen und weder verdeckt noch offenbar die Sprache der letzten Gemeinde in den Sendschreiben führen, sondern vielmehr ein gesalbtes Auge haben für die Bedürfnisse ihrer Zeit und ein in der Gegenwart Gottes abgeklärtes Verständnis für das, was da fehlt und was da möglich ist und herbeigeführt werden soll. Aber über den großen Möglichkeiten, die noch vor uns liegen, dürfen wir jedoch nicht den Blick verlieren für das, was unter den gegebenen Verhältnissen bereits geschieht und durch den Herrn getan wird. *Suchen wir auch in dem allgemeinen Werden des Reiches Gottes Schritt zu halten mit dem großen Meister, Christus. Denn jedes Zurückbleiben, aber auch jedes Vorauseilen führt zu Entmutigungen und Enttäuschungen*.

Es gereichte mir seiner Zeit zu großem Trost, als ich in dem Schöpfungsbericht auf die Wahrheit geführt wurde, dass Gott erst am Schluss des sechsten Tages Sein eigenes Bild in der Schöpfung sah. Das war das Ziel, das Gott sich in der Formung und Belebung des Stoffes gestellt hatte. Die Krone des ganzen Werkes sollte ja der Mensch sein, der das Bild Gottes widerstrahle. Und wenn dieses Ziel auch erst am Schluss des sechsten Tages erreicht wurde, so war das, was in den vorangegangenen Tagen geschah, ebenfalls sehr gut. Alle Scheidungen, die Gott in den ersten Tagen traf und alle Belebungen des Stoffes und die Ausschmückungen desselben in den folgenden Tagen, alles war sehr gut.

Es ist wahr, dass das Reich Gottes noch lange nicht in seiner Herrlichkeit erschienen ist. Nicht nur in der Welt, sondern vielfach auch bei Kindern Gottes liegen die Herrscherrechte weniger in der Hand dessen, der von Gott erhöht und gesalbt worden ist zum Herrn und Christus, sondern in ihrer eignen Hand. Es gibt viel fleischliches und totes Wesen selbst unter denen, die Anspruch darauf erheben, eine geistliche Gemeinde der Gläubigen zu sein. Manche Gotteskinder bedürfen der Reinigung und der

Hingabe an den Herrn. Es besteht viel Weltförmigkeit, Lauheit und Trägheit in der Gemeinde Gottes. Es muss noch vieles geschieden, vieles geformt, vieles belebt werden im Reiche Gottes. Aber das, was der Herr durch Seinen Heiligen Geist in einzelnen Seiner Kinder und im Allgemeinen zur Verwirklichung Seiner Heils- und Reichspläne hat tun können – das ist gut.

Ihre volle Erfüllung haben die Verheißungen der Schrift erst in Jesus Christus gefunden. In Ihm sind sie alle Ja und Amen geworden. Und nun ist Er hinfort auch für die Gemeinde Gottes und für die ganze harrende Schöpfung die Garantie, dass, so wie in Ihm alle Gottesverheißungen Erfüllung geworden sind, auch an ihr alles zur Erfüllung werden wird. Aber unser großer und gnädiger Gott kann warten mit der Erfüllung, bis Seine Stunde gekommen ist und alle Vorbereitungen für die Erfüllung der einzelnen Verheißungen getroffen worden sind.

Freuen wir uns daher mit Anbetung über das, was der Herr hat tun können und lasst uns im Glauben auf Grund der Verheißungen Gottes noch große Dinge erwarten für die Zukunft!

# 7. Das „Aber“ des Unglaubens

*Das Land ist gut, das der HERR, unser Gott, uns gibt.* ***Aber*** *ihr wolltet nicht hinaufziehen.*
*5.Mose 1,25-26*

Es hat wohl kaum je eine so große Schar von entmutigten Gotteskindern gegeben wie Israel es war, als es zum ersten Mal vor dem Einzug in das Land der Verheißung stand. Und gewiss hat schon mancher angesichts der erschütternden Tatsache, dass so viele in der Wüste starben, gefragt: „Warum haben von den vielen, die so wunderbar durch den Arm Jehovas aus der Knechtschaft Ägyptens heraus gerettet wurden, doch Tausende nie das verheißene Erbe geschaut, nie auf heiligem Boden gekniet und angebetet, nie von den Früchten des Landes und des Weinstocks genossen?“ Sie fanden in der Wüste anstatt den Weg des Lebens den des Todes. Warum wohl? Die Schrift antwortet darauf mit dem einfachen Satz: *„Um ihres Unglaubens willen!“*

Es handelt sich in diesen Worten, die Mose an sein Volk richtete, nicht um den Unglauben der Nationen, die in ihrer Blindheit irrten und wenig Ahnung hatten von der Herrlichkeit Jehovas und Seinen engen Beziehungen zu Seinem Volk. Und nicht von dem Aber des Unglaubens jener großen Masse ist hier die Rede, die in unsern Tagen bald in der Wissenschaft, bald in der Kunst, bald in der sinnlichen Lust oder aber im Besitz das Heil ihres Lebens erblickt haben. Es handelt sich hier lediglich um *das Nichtvertrauen der Kinder Gottes, wenn sie an der Grenze einer Wahrheit stehen, die Gott ihnen erschließen und als Erbe geben möchte*.

*Es gibt ein Aber des Glaubens*, wie wir es bei der kanaanäischen Frau finden, wo der Glaube auch in der Absage des Herrn noch einen Boden zu finden vermag, auf welchem er in seinen Erwartungen ruhen und sprechen kann: „Aber dennoch essen die Hündlein von den Brosamen, die von ihrer Herren Tisch fallen."

Es gibt auch ein *Aber Gottes*, das noch weit über das unsres Glaubens hinausgeht und selbst da noch Möglichkeiten findet, wo unser Glaube bereits alles aufgegeben hat. Paulus schreibt an die Gemeinde zu Ephesus: „Und auch ihr, die ihr tot wart durch Übertretungen und Sünden, in welchen ihr einst wandeltet nach dem Lauf dieser Welt ... Aber Gott, der da reich ist an Erbarmen, durch Seine große Liebe, mit der Er uns liebte, hat auch uns, die wir tot waren durch die Sünden, samt Christus lebendig gemacht." Das Aber Gottes vermag sich auch da noch Leben und Herrlichkeiten zu verschaffen, wo unser Auge nur Tod und Verderben sieht. Er schafft Leben aus den Toten!

Es gibt aber auch ein *Aber des Unglaubens*. Dies ist die Verneinung Gottes, die Bezweiflung Seiner Verheißung. Wo Gott Sein Ja hat, da hat der Unglaube sein Nein. Gibt Gott irgend eine Verheißung oder einen Auftrag, so setzt der Unglaube gleich sein Aber dahinter. Er misstraut dem, was von Gottes Seiten versprochen worden ist und lenkt den Blick der Seele von dem Wort Jehovas ab auf die vorhandenen Widerwärtigkeiten und Umstände. Wie klar das Wort der Verheißung auch ist, wie groß auch die Garantien sind, die Gott für die Erfüllung der Verheißungen gibt, so stellt er doch alles in Frage und Zweifel und hält die Seele ab, weitere Schritte des Glaubens zu tun.

So war es einst bei Israel, als es bis an die Grenze seines Erbes gekommen war. Kundschafter, zwölf an der Zahl, waren bereits ausgesandt worden, um über das Land Erkundigungen einzuholen. Diese kehrten heim mit der einstimmigen Überzeugung: „Das Land ist gut!“ Sie hatten in Erfahrung gebracht, dass Kanaan tatsächlich ein Land sei, in welchem Milch und Honig floss. Aber es waren Riesen daselbst und es hatte Städte bis an den Himmel vermauert. Und als das Volk das hörte, da wurde es mutlos und weinte und lehnte sich auf wider den Herrn und Seine Knechte, die es trösten und aufmuntern wollten. Und das Volk ging nicht hinein, sondern starb in der Wüste um seines Unglaubens willen.

## Der Unglaube verlässt zunächst den Boden der Verheissung Gottes

Vom ersten Augenblick seiner Errettung an wusste Israel die Absicht Jehovas, dem Volk jenes Land als Erbe zu geben, in welchem Milch und Honig floss. Und als nun der Weg durch die Wüste zurückgelegt war, da lies der Herr dem Volk sagen: „Siehe, der Herr, dein Gott, hat dieses Land vor dir gegeben, ziehe hinauf und nimm es ein, wie der Herr, deiner Väter Gott, dir versprochen hat; fürchte dich nicht und erschrick nicht!“

Sobald Gott unserm Glauben ein Erbe erschließen will, lenkt Er unseren Blick zunächst auf ein Verheißungswort, das dieses Erbe in Aussicht stellt. Hinfort dient dem Glauben dieses Wort als Grundlage für seine Erwartungen und Hoffnungen. Und stellen sich bis zur Stunde der Erfüllung auch Proben und Widerwärtigkeiten ein wie bei Israel in der Wüste, so ruht der Glaube in all diesen Proben auf dem Boden des Wortes, das ihm von Jehova geworden ist. Dieses Ruhen des Glaubens finden wir bei Josua und Kaleb, die Mut behielten und in der Stunde der allgemeinen Verzagtheit die Blicke der Menge auf das Versprechen Jehovas zu lenken suchten. Aber das Volk achtete nicht darauf, sondern wandte sich von dem Herrn ab und erwog die vor ihm liegenden Schwierigkeiten.

Das ist heute noch des Unglaubens Art. Er kann nicht leugnen, dass das Land, das Gott dem Glauben schenken will, gut sei, sondern muss vielmehr zugeben, dass es wirklich gut ist. Es ist gut, in der Verbindung mit dem Herrn zu stehen, ein Leben der Kraft zu führen, ununterbrochene Gemeinschaft des Geistes zu pflegen, Sieg über die Sünde zu haben, ein Leben der Hingabe und Reinheit zu führen, in der Abhängigkeit vom Herrn zu stehen. Und sobald der Glaube beginnt diese Segnungen zu suchen, so weiß er, dass er sich dabei gründen darf auf das Wort Jehovas. Dies ist ihm Garantie, dass auch ihm die Fülle dieser Segnungen erschlossen und er sie in Christus finden wird. Sobald aber eine Verzögerung der Erfüllung eintritt, oder Schwierigkeiten auf dem Weg sich geltend machen, oder Gefahren offenbar werden, die damit verbunden sind, da sucht der Unglaube uns von dem Boden der Verheißung zu lösen und unser Herz zu entmutigen wie das des Volkes in der Wüste.

Alsdann *überschätzt der Unglaube die Feinde Gottes und die vor uns liegenden Schwierigkeiten*. Israels Herz, welches das Wort Jehovas: „Ziehe hinauf und nimm es ein!" verlassen hatte, war nun voll von den starken Männern, die das Land beherrschten und den himmelhohen Mauern, die die Städte Kanaans umgaben. Es war nicht zu leugnen, dass die Städte tatsächlich sehr stark befestigt waren und dass Riesen das Land bewohnten, aber jetzt, wo es galt, dem Herrn zu vertrauen und durch Glauben das Erbe in Besitz zu nehmen, da erschienen ihnen die Schwierigkeiten unüberwindbar und das Land uneinnehmbar. Während der Glaube damit rechnet, dass es für Gott, der uns heißt, einen Weg zu gehen, keine Unmöglichkeiten gibt, uns auch diesen Weg zu führen, sieht der Unglaube überall Berge, die nicht zu übersteigen, Wasser, die nicht zu durchschreiten, vermauerte Städte, die nicht einzunehmen und Riesen, die nicht zu überwinden sind.

Es ist nicht zu verkennen, sobald eine Seele versucht, eine erkannte Wahrheit praktisch auszuleben, dass sich ihr sofort Schwierigkeiten und Proben in den Weg stellen, wie sie sie bis dahin nicht gekannt hat. Sodann ist es Tatsache, dass jede Wahrheit durch den Missbrauch derselben besondere Gefahren mit sich bringt. Gott hat in Christus das Erbe eines geheiligten und geweihten Lebens erschlossen, aber wem ist es unbekannt geblieben, welch ein Missbrauch gelegentlich da und dort auch mit dieser Wahrheit gemacht worden ist und welche Karikaturen geschaffen worden sind. Jesus, unser großer Hohepriester, gab uns, bevor Er auf Golgatha das Opfer wurde für unsere Sünden, die Verheißung, dass Er uns den andern Sachwalter, den Heiligen Geist senden werde. Es ist nun seit Pfingsten das Erbrecht eines jeden einzelnen Gotteskindes „voll Geistes zu werden." Aber wer hat es nicht mit tiefem innern Schmerz wahrgenommen, dass gelegentlich diese und andre heilige Wahrheiten mit solch einer Leichtigkeit behandelt werden, dass man den Eindruck erhält, als ob es sich hier um weiter nichts handle, als um eine so wohlfeile* Ware, die man auf jeder beliebigen Straßenecke erhalten kann.

In den letzten Jahren ist mit viel Klarheit die Einheit des Leibes Christi beleuchtet worden und nicht ohne Erfolg haben verschiedene Knechte Gottes den Versuch gemacht, die Kinder Gottes einander näher zu rücken und miteinander zu verbinden. Aber haben wir nicht durch alle gemachten Erfahrungen hindurch die Schrift verstehen gelernt, dass eine wirkliche heilige Einheit allein auf dem Boden des Geistes möglich ist? Solange wir auch als Gotteskinder noch als ungerichtete Ichheiten zusammentreten, wird nie eine dauernde und praktische Einheit des Geistes möglich sein. Aber sobald und insoweit wir zusammenkommen als Gerichtete, in deren Mitte nur *das eine Haupt als gekrönt erscheint, das von Gott zum Haupt Seiner Gemeinde und Seiner ganzen Schöpfung gesetzt worden ist,* dann ist die Einheit trotz der verschiedenen Erkenntnis, die man in Bezug gewisser Wahrheiten hat, etwas ganz Selbstverständliches und Natürliches. Wenn nun auch da und dort eine Allianz „gemacht" worden ist, wollen wir

* leicht verkäufliche

deshalb aufhören die wahre, von Gott geplante und geschaffene Einheit des Geistes zu pflegen und zu fördern? Wollen wir deshalb müde werden und aufhören die Blicke aller Kinder Gottes auf dieses Erbe zu richten, das durch Glauben zum praktischen und beglückenden Eigentum eines jeden Gotteskindes werden kann?

Welche Missbräuche biblischer Wahrheiten, welche Schwärmereien und Ungeheuerlichkeiten sind nicht je und je in den einzelnen Bewegungen, die die Gemeinde Gottes im Laufe der Jahrhunderte durchlebt hat, möglich gewesen, aber haben nicht die Glaubenden und Treuen immer wieder die Missbräuche und Schwärmereien überwunden und das Erbe angetreten, das Gott ihnen und der ganzen Gemeinde durch eine bestimmte Wahrheit erschließen wollte? Und es tut Not, dass auch in unseren Tagen die Gemeinde Gottes sich nicht entmutigen und ihren Blick nicht trüben lässt durch die Missbräuche, die da und dort mit biblischen Wahrheiten getrieben werden. Stellen wir uns vielmehr angesichts der Stärke unseres Feindes desto fester auf den Boden der Verheißung und erwarten wir im Glauben, dass auch uns jeder Segen wird erschlossen werden, auf welchen wir in der Verbindung mit Christus ein

Anrecht haben. Wir haben wohl Angst in der Welt, aber können dennoch getrost und mutig sein, weil wir wissen, dass Christus, der Herzog unserer Seligkeit, die Welt überwunden hat.

*Der Unglaube bewirkt ferner Unzufriedenheit mit den Führungen und Verkennung der gnadenvollen Absichten Gottes.* Mose sprach zum Volk: „Aber ihr wolltet nicht hinaufziehen, sondern lehntet euch auf gegen das Wort des Herrn, eures Gottes und murrtet in euren Hütten und spracht: Der Herr hat uns aus Hass aus Ägypten geführt, dass Er uns in die Hände der Amoriter gebe, um uns zu vertilgen" (5.Mose 1,26-27). Hat der Unglaube erst einmal in einer Seele Boden gewonnen, so zeigt er eine böse Frucht. Anstatt sich zu freuen, dass Gott Sein Volk bis an die Pforten Seines Erbes gebracht hatte, murrte Israel und sprach: „Jehova hat uns aus Hass aus Ägypten geführt, damit Er uns in die Hände der Amoriter gebe und vertilge." Was Jehova an Seinem Volk aus Liebe und Erbarmen getan, das erschien dem Volk als ein Gericht und als ein Fluch. Gottes Absichten waren, Israel den Weg des Lebens zu führen und ein Erbe zu geben, in welchem es gelöst wäre von den Fesseln einer fremden Herrschaft. Israel erblickte jedoch in diesen Führungen ein

Gericht Gottes. Der Zweck seiner Errettung aus Ägypten ist ihm nicht Leben und Freiheit, sondern Knechtschaft und Verderben!

Ich weiß nicht, ob wir zu ahnen vermögen, welch ein heiliger Ernst in dieser Wahrheit liegt. Hat Gott Gelegenheit gefunden, unseren Glaubensblick auf eine Wahrheit zu richten, die von uns bis dahin weniger erkannt wurde und wir gestatten dem Geiste Gottes nicht, dass Er auch uns in den Besitz derselben führt, dann ist es möglich, dass auch wir das Hervortreten so einer Wahrheit mehr für ein Verderben als für einen Segen halten. Welch einen fleischlichen Eifer müssen wir gelegentlich in verschiedenen gläubigen Kreisen wahrnehmen gegen so reale, im Wort so klar begründete Absichten Gottes mit Seinem Volk! Ob's die Gemeinschaftsbewegung oder die Heiligungsbewegung oder die Geistesbewegung ist – man erblickt in ihnen für sich und seine Kreise mehr ein Verderben als einen Segen. Das sollte nicht so sein!

Wenn der Herr die Aufmerksamkeit der Gemeinde Gottes in den letzten Jahrzehnten mehr als je auf ihre Reinheit und Heiligung, auf ihre Hingabe und Salbung, auf ihre Einheit und Freiheit und auf andere Wahrheiten gelenkt hat, so ist es doch nie geschehen, damit durch das Eingehen auf dieselben wir dem Verderben oder den Feinden unserer Seelen preisgegeben würden. Nicht Unheil, sondern Leben liegt in diesen Wahrheiten für die Gemeinden Gottes! Und selig diejenigen, die dem Herrn vertrauen und das Erbe finden, das Jehova uns in Christus auch durch das Licht dieser Wahrheiten geben will!

*Sodann achtet der Unglaube nicht auf die Wunder Gottes*, die man bis dahin auf seinem Glaubensweg erfahren hat. Mose suchte das Volk, das durch die Worte der Kundschafter so entmutigt worden war, auf die Wunder aufmerksam zu machen, die es bis jetzt auf seinem Weg erlebt hatte und sprach: „Entsetzt euch nicht und fürchtet euch nicht vor ihnen, denn der Herr, euer Gott zieht vor euch her und wird für euch streiten, wie Er mit euch vor euren Augen in Ägypten getan hat und in der Wüste, wo du gesehen hast, wie dich der Herr dein Gott, getragen hat, wie ein Mann seinen Sohn trägt, in allen Wegen, die ihr zurückgelegt habt, bis ihr an diesen Ort gekommen seid. Aber in dieser Sache wolltet ihr dem Herrn, eurem Gott nicht vertrauen, der doch vor euch herging auf dem Weg, euch die Lagerstätten auszusuchen, bei Nacht im Feuer, dass Er euch den Weg zeigte, darauf ihr gehen solltet, und bei Tag in einer Wolke“ (5.Mose 1,29-33).

Der Unglaube hat eine vergessene Vergangenheit und eine verkannte Zukunft. Alle Garantien, die Gott durch die bisherigen Errettungen und Führungen dem Volk gegeben hatte, waren vergessen worden. Man beachtete sie nicht in dieser so verhängnisvollen Stunde und richtete sich nicht auf an den Beweisen, die Gott von Seiner ewigen Treue abgelegt hatte. Die Rettung aus Ägypten, der Durchzug durch das Schilfmeer, die Erfahrungen am Sinai, das Süßwasser in Mara, die Wasserquelle aus dem Felsen, die Leitung durch die Wolken- und Feuersäule, die tägliche Speisung mit dem Manna, – alles trat in den Hintergrund vor den Riesen, die das Land bewohnten und den Städten, die bis an den Himmel vermauert waren.

Die Gemeinde Gottes hat eine große zusammenhängende Geschichte. Was das einzelne Glied derselben je als Beweis der Treue und Barmherzigkeit Gottes erlebt hat, darf dem Ganzen in den Stunden der Prüfung und in den Proben des Glaubens als Garantie dienen, dass Jehova sich auch in den gegebenen Verhältnissen mächtig erweisen wird über alles und dass

Sein Arm für uns streiten und uns den Sieg geben wird über alles Fleisch.

Als zur Zeit der ersten Gemeinden der Apostel die Aufgabe hatte, die entmutigten Hebräer zu stärken, da führt er an ihrem Geist einmal alle Helden des Glaubens vorüber und zeigt ihnen, welchen Triumph man durch den Glauben über die Macht des Fleisches und über die Gewalten der Finsternis davongetragen hat und verbindet damit die praktische Ermahnung: „Darum auch wir, dieweil wir eine solche Wolke von Zeugen um uns haben, lasst uns ablegen jede Last und die Sünde, die uns leicht umstrickt ... und mit Ausdauer die Rennbahn durchlaufen, welche vor uns liegt, im Aufblick auf Jesus, den Anfänger und Vollender unseres Glaubens“ (Hebräer 12,1-2).

Jehova, unser Gott, ist ewig derselbe und Sein Arm ist heute so mächtig im Erretten, wie Er es je gewesen ist und Sein Herz ist heute noch so voll Mitleid und Liebe zu uns, dass Er uns auf unserem Weg zu unserer Vollendung hin überall dienen möchte, wo unsere Kraft nicht genügt und wo wir ohnmächtig den Mächten der Finsternis gegenüber stehen.

Wir können jedoch dieses Kapitel nicht schließen, ohne noch auf eine sehr ernste

Wahrheit aufmerksam zu machen. *Der Unglaube ist in seiner letzten Frucht Vermessenheit und Auflehnung gegen Gott*. Dieses hebt Mose besonders in den letzten Versen unseres Kapitels hervor. Der Unglaube oder das Nichtvertrauen führt immer zur Verschiebung der Pläne und Absichten Gottes. Zu Israel sprach der Herr in Seinem Zorn: „Keiner von den Männern dieses bösen Geschlechts soll das gute Land sehen, das Ich ihren Vätern zu geben geschworen habe. Nur Kaleb, der Sohn Jephunnes, soll es sehen... Und Josua, der Sohn Nuns, der vor dir steht, der soll hineinkommen, denselben stärke, denn er soll Israel dieses Land zum Erbe austeilen" (5.Mose 1,35-38).

Gott kann Seine Herrlichkeiten und Heilsgüter nur dem Glauben erschließen, daher muss Er dieselben dem versagen, der da nicht glaubt. Der Glaube macht uns erst fähig, Verheißenes zu empfangen und zu verwalten. Wer dabei bleibt, einer Wahrheit Gottes nicht zu vertrauen, muss mit dem Gericht rechnen, dass er nie die Herrlichkeit kennenlernen wird, die diese Wahrheit in sich birgt. Zum Volk Israel sagte Mose das harte Wort: *„Aber in dieser Sache wolltet ihr dem Herrn, eurem Gott nicht vertrauen*." Israels Stellung war in dieser Angelegenheit eine abgeschlossene, es wollte nicht vertrauen und daher war auch das ernste Gericht selbstverständlich und unvermeidlich.

Gott hat lange Geduld mit Seinen Kindern und wartet, ob sie nicht durch kindliches Vertrauen eingehen werden auf Seine gnädigen Absichten und Schritte des Glaubens tun werden zur Verwirklichung Seiner durchs Wort verbürgten Heilspläne. Wo man aber nicht will, da folgt dann das Gericht des Nicht-Könnens. O wie oft hat dieses Gericht Gottes sich seit jener Stunde, wo es zum ersten Mal ausgesprochen wurde, im Laufe der Jahrhunderte in der Gemeinde Gottes wiederholen müssen! Wie oft kam man bis an die Grenze einer Wahrheit, lernte aber nie die herrliche und köstliche Frucht derselben kennen, weil man in der Stunde der Entscheidung, die von Gott herbei geführt wurde, in dieser Sache dem Herrn nicht vertrauen und in das Erbe eintreten wollte, das Gott dem Glauben eröffnet hatte! Vielfach sind erst spätere Generationen von Gott aufs Neue bis an die Wahrheit geführt worden und haben mit Anbetung erkennen dürfen, dass die starken Mauern fielen und die Riesen überwunden wurden, durch die einst ihre Väter in ihrem Glaubensgehorsam mutlos gemacht worden waren und sich ihrem Glauben durch diese Wahrheit ein Land erschloss, in welchem Milch und Honig fließt.

Wenn sich an uns ein solches Gericht Gottes auf unserem Glaubenswege vollzieht, so kommt uns dasselbe doch allmählich zum Bewusstsein. Als Israel sich zurück zur Wüste hin gewandt hatte, da sprach es eines Tages zu Mose: „Wir haben wider den Herrn gesündigt, wir wollen hinaufziehen und streiten, ganz wie der Herr, unser Gott, es uns geboten hat. Aber der Herr sprach zu mir: Sage ihnen: Ihr sollt nicht hinaufziehen und nicht streiten, denn Ich bin nicht unter euch, dass ihr nicht vor euren Feinden geschlagen werdet!“ (5.Mose 1,41-42).

Was Israel versäumt hatte, durch Glauben in Besitz zu nehmen, das will es später durch eigene Kraft an sich reißen. Fleischlicher Eifer setzt in der Regel da ein, wo man dem Glauben nicht gestattet in sein Erbe zu treten. Israel sah später doch ein, dass jenseits des Jordans ein herrliches Erbe liegt und darum will es nun die Lenden gürten und das Schwert ziehen und dem Feind entgegentreten. Aber der Herr spricht: „Nein!“ Was Er einst dem Glauben anbot, kann Er nun unmöglich dem fleischlichen Eifer als Erbe geben.

Israel gehorchte nicht der Stimme Jehovas und zog doch hinauf in den Kampf, da jagte man sie wie Bienen und schlug sie zu Seir bis gen Horma. Hierin zeigte es sich, in wie wenig die stattgefundene Buße des Volks wirklich aufrichtig gewesen und aus dem Glauben hervorgegangen war. Die Buße des Glaubens beugt sich in den Gerichten Gottes, die Buße des Fleisches erhebt sich in denselben zum Widerspruch gegen Gott. Israel hatte in seiner Buße nicht seine innerliche unnormale Stellung zu Gott beweint, sondern mehr den Verlust, der ihm durch seinen Ungehorsam geworden war. Und das ist die Buße des Fleisches. Esau weinte mehr über den Verlust seiner Erstgeburt, als über sein leichtfertiges Wesen, in welchem er fähig gewesen war, sein Erstgeburtsrecht zu verscherzen. Eine solche Buße führt nie zu jenem Glauben, dem Gott aufs Neue jene Lebensgebiete erschließt, die Er früher dem Unglauben versagen musste. Und wehe denen, die dann in ihrer eigenen Kraft Linien betreten, auf denen nur der Glaube wandeln kann und sich in einen Kampf mit den Mächten der Finsternis einlassen, in welchen nur die Gegenwart Jehovas uns zum Sieg führt! Da gibt‘s denn Schmach und Niederlage. Wer heiligen Boden betreten will, muss bereit sein, zuvor seine Schuhe auszuziehen. Wir können nie auf Dauer vor der großen Öffentlichkeit den Schein der Gottseligkeit tragen, wenn wir nicht zuvor durch den Glauben seine Kraft erfahren haben und nie kann fleischlicher Eifer das Erbe betreten, das Gott allein dem Glauben verheißen hat.

Nach dieser Niederlage blieb Israel in den Grenzen, die Jehova in dem Gericht Seinem Volk gesetzt hatte und zog in der Wüste vierzig Jahre lang auf und ab. Soweit das Volk im Glauben gewandelt hatte – das blieb ihm als Eigentum, aber von dem, was Gott weiter hatte geben wollen, erhielt es nicht einen Fußbreit. Dies Land wurde erst jenen erschlossen, die in der Stunde der Entscheidung unschuldig geblieben waren und jenen beiden Männern, Josua und Kaleb, die geglaubt hatten. Es kommt endlich doch die Zeit, wenn oft auch erst nach vierzig Jahren, wo Gott Seinem Volk neue Lebensgebiete erschließen kann. Manches, was vor hundert Jahren der Gemeinde Gottes noch ein Geheimnis war, ist heute von tausenden Gotteskindern erkannt und ausgelebt worden und man nährt sich von der süßen Frucht, die der Glaube auf diesem Boden gefunden hat. O, möchte unser Gott Seinem Volk auch in unserer

Zeit klares Verständnis geben für das, was Er geben will und in all Seinen Heiligen jenen weltüberwindenden Glauben wirken, in welchem man durch Ausharren die Verheißung erlangt!

## Halte still!

*(Johannes 15)*

Halte stille, wenn dein Gärtner
Mit dem Messer in der Hand
An dir noch so manche wilde
Und unedle Rebe fand.
Er wird nicht unnötig schneiden,
Nicht zu früh und nicht zu spät.
– Reben, die da Trauben tragen,
Haben Tränen erst gesät. –

*(Maleachi 3,3)*

Halte stille, wenn der Meister
Unter dir die Glut noch schürt,
Und, anstatt dich zu befreien,
In noch tief're Schmerzen führt.
Er will dich von dem nur rein'gen,
Was noch täglich dich befleckt:
– Eh' das Gold ganz rein geworden,
Hat's des Feuers Glut geschmeckt. –

*(Galater 2, 19-20)*

Halte stille, wenn dein Jesus
Dich auf seinen Altar legt,
Und dein Leben mehr den Stempel
Seiner Schmach und Leiden trägt.
– Mitgekreuzigt, Miterstanden
Führt das Haupt zur Herrlichkeit
Alle auserwählten Glieder,
Die sich völlig ihm geweiht! –